Visões geopolíticas do mundo atual

Nelson Bacic Olic

Bacharel e licenciado em Geografia pela Universidade de São Paulo.
Um dos editores do jornal *Mundo – Geografia e Política Internacional*.
Autor de livros didáticos e paradidáticos.
Professor convidado junto à Universidade da Maturidade (PUC-SP).

1ª edição
2017

CB019433

MODERNA

2ª Impressão

© NELSON BACIC OLIC, 2017

EDIÇÃO DE TEXTO:	Lisabeth Bansi, Patrícia Capano Sanchez
COORDENAÇÃO DE EDIÇÃO DE ARTE:	Camila Fiorenza
DIAGRAMAÇÃO E GRÁFICOS:	Michele Figueredo
ILUSTRAÇÕES DE CAPA E MIOLO:	Will Silva
CARTOGRAFIA:	Fernando José Ferreira
COORDENAÇÃO DE ICONOGRAFIA	Luciano Baneza Gabarron
PESQUISA ICONOGRÁFICA	Cristina Mota, Célia Rosa
COORDENAÇÃO DE REVISÃO:	Elaine C. del Nero
REVISÃO:	Andrea Ortiz
COORDENAÇÃO DE BUREAU:	Rubens M. Rodrigues
TRATAMENTO DE IMAGENS:	Rubens M. Rodrigues
PRÉ-IMPRESSÃO:	Marcio H. Kamoto
COORDENAÇÃO DE PRODUÇÃO INDUSTRIAL:	Andrea Quintas dos Santos
IMPRESSÃO E ACABAMENTO:	Bercrom Gráfica e Editora
LOTE:	287122

Dados Internacionais de Catalogação na Publicação (CIP)
(Câmara Brasileira do Livro, SP, Brasil)

Olic, Nelson Bacic
 Visões geopolíticas do mundo atual / Nelson
Bacic Olic. — 1. ed. — São Paulo: Moderna, 2017.
(Coleção polêmica)

 ISBN 978-85-16-10729-1

 1. Ensino médio 2. Geopolítica 3. Geopolítica —
Brasil 4. Política mundial I. Título II Série.

| 17-02551 | CDD-320.12 |

Índice para catálogo sistemático:

1. Geopolítica   320.12

EDITORA MODERNA LTDA.
Rua Padre Adelino, 758 - Belenzinho
São Paulo - SP - Brasil - CEP 03303-904
Vendas e Atendimento: Tel. (11) 2790-1300
www.modernaliteratura.com.br
2019

Impresso no Brasil

Para meu pai, Ivan, e minha mãe, Maria, pelos exemplos de vida.
Para Neide, companheira de todas as horas.
Para Tatiana, André, Fernando e Maurício,
filhos dos quais tanto me orgulho.
Para Lara e Cecília, as netinhas mais lindas do mundo.

SUMÁRIO

Introdução

Cenários e imagens contemporâneas

Olhares sobre o Brasil

Introdução

Este livro foi idealizado para substituir outro de minha autoria, publicado originalmente em 2008, que tinha como título *Retratos do Mundo Contemporâneo*. Como muitas coisas mudaram no mundo e no Brasil nestes quase dez anos, a Editora Moderna aquiesceu minha sugestão de produzir uma nova obra que mantivesse mais ou menos a mesma estrutura.

Neste novo livro reproduzi artigos que escrevi ao longo da última década e mantive alguns do *Retratos* que não se haviam tornado obsoletos. A maior parte dos textos contidos nesta obra foi escrita originalmente para várias publicações, em especial para o jornal *Mundo – Geografia e Política Internacional*, do qual sou um dos editores.

O principal problema que encontrei foi o de selecionar pouco mais de 30 artigos de um conjunto de mais de 200. Não selecionei mais artigos, pois a publicação de um número maior do que o aqui apresentado tornaria a obra muito extensa. Os principais critérios de escolha levados em conta nessa seleção foram os da diversidade – pelo menos um assunto por continente – e da pertinência dos temas.

Embora o enfoque principal seja geopolítico, estão presentes também temas sobre questões ambientais, econômicas e culturais do mundo contemporâneo. Talvez um dos aspectos interessantes do livro é que cada tema pode ser lido de forma a não ser necessário seguir uma determinada sequência. Agrupei os artigos em duas partes: a primeira trata de temas vinculados a assuntos mundiais ("Cenários e imagens contemporâneas"). A segunda parte abrange temáticas que têm nosso país como "personagem" principal ("Olhares sobre o Brasil").

Na medida do possível tentei contextualizar em cada um dos temas abordados as informações essenciais para que o leitor que desconhece ou que teve um contato superficial com algum deles pudesse ter facilitado o entendimento das transformações que afetam o complexo e por vezes enigmático mundo contemporâneo. Como se verá, o livro possui numerosos gráficos e mapas, cuja atenta observação contribui sobremaneira para um melhor entendimento das questões analisadas.

Este livro é resultado do longo convívio que tive o privilégio de ter com centenas de professores, alunos e ex-alunos. Em especial, agradeço meus amigos Demétrio Magnoli e José Arbex Jr., que, com suas decisivas intervenções e sugestões, melhoraram, tanto na forma quanto no conteúdo, vários dos textos que compõem este livro.

Agradeço também ao pessoal da Editora Moderna, especialmente à Beth Bansi, pelo incentivo e paciência, e à Karina Chibani Rocha, por sua ajuda inestimável quanto ao uso das tecnologias digitais.

Representação sem rigor cartográfico.

Cenários e imagens contemporâneas

Civilizações: história, geografia e cultura

Na Europa, durante os séculos XVIII e XIX, o conceito de civilização era definido por oposição ao de barbárie. Consideravam-se "civilizadas" as sociedades que eram urbanizadas e alfabetizadas. Ser "civilizado", segundo esse preceito, era bom, e não ser era ruim. Por esses padrões, grande parte dos povos da Europa e da América Anglo Saxônica poderia ser considerada "civilizada". No século XX, um novo pensamento pelo qual se deixava de lado a ideia de que existia um único padrão de civilização se desenvolveu, ganhando força a noção de que existiriam muitas civilizações, cada uma delas civilizada à sua maneira.

Desde a Antiguidade, sangue, língua, religião e estilo de vida, entre outros fatores, distinguiam uma civilização de outra. Assim, uma civilização se diferencia de outra não só por suas características sociais, culturais e históricas, mas também pela identificação subjetiva das pessoas que julgam a ela pertencer. A civilização à qual um determinado indivíduo pertence corresponde ao nível mais elevado e abstrato de identificação.

As civilizações não possuem fronteiras estáticas. Os povos que as compõem podem redefinir suas identidades e, com isso, alterar a composição e os limites da civilização, mas são as mais duradouras associações humanas. Diferentemente dos impérios e dos Estados em geral, elas sobre-

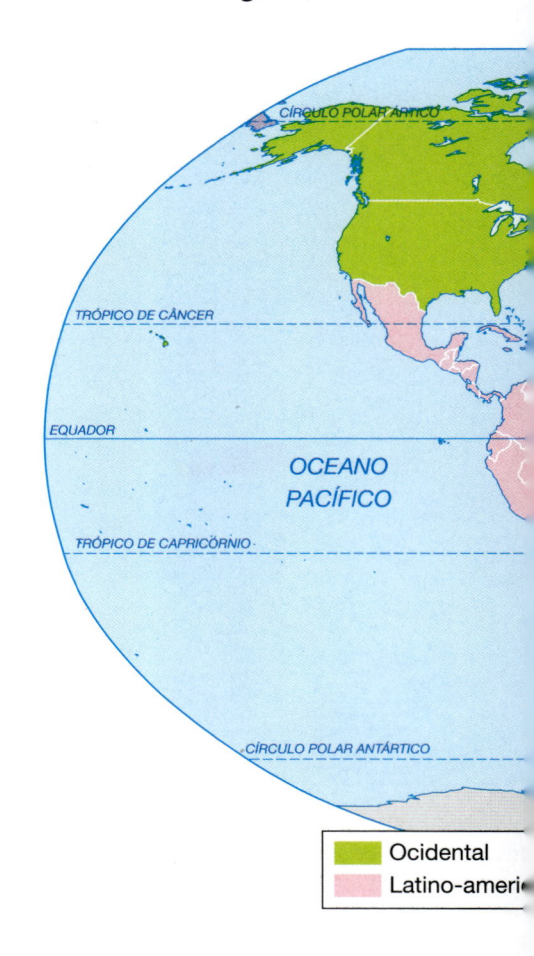

vivem às convulsões políticas, sociais e econômicas e existirão por mais tempo se mantiverem certas ideias fundamentais, em torno das quais gerações sucessivas se identificam.

As civilizações não são entidades políticas, mas podem conter em seu interior diversas unidades políticas. Estas, ao longo da história, foram cidades-Estados, impérios, federações, confederações e Estados-nações, que existiram sob as mais variadas formas de governo. Enquanto uma civilização evolui, ocorrem transformações na quantidade e na natureza das entidades políticas que a compõem.

A maioria das civilizações atuais é composta por mais de uma entidade política. Algumas

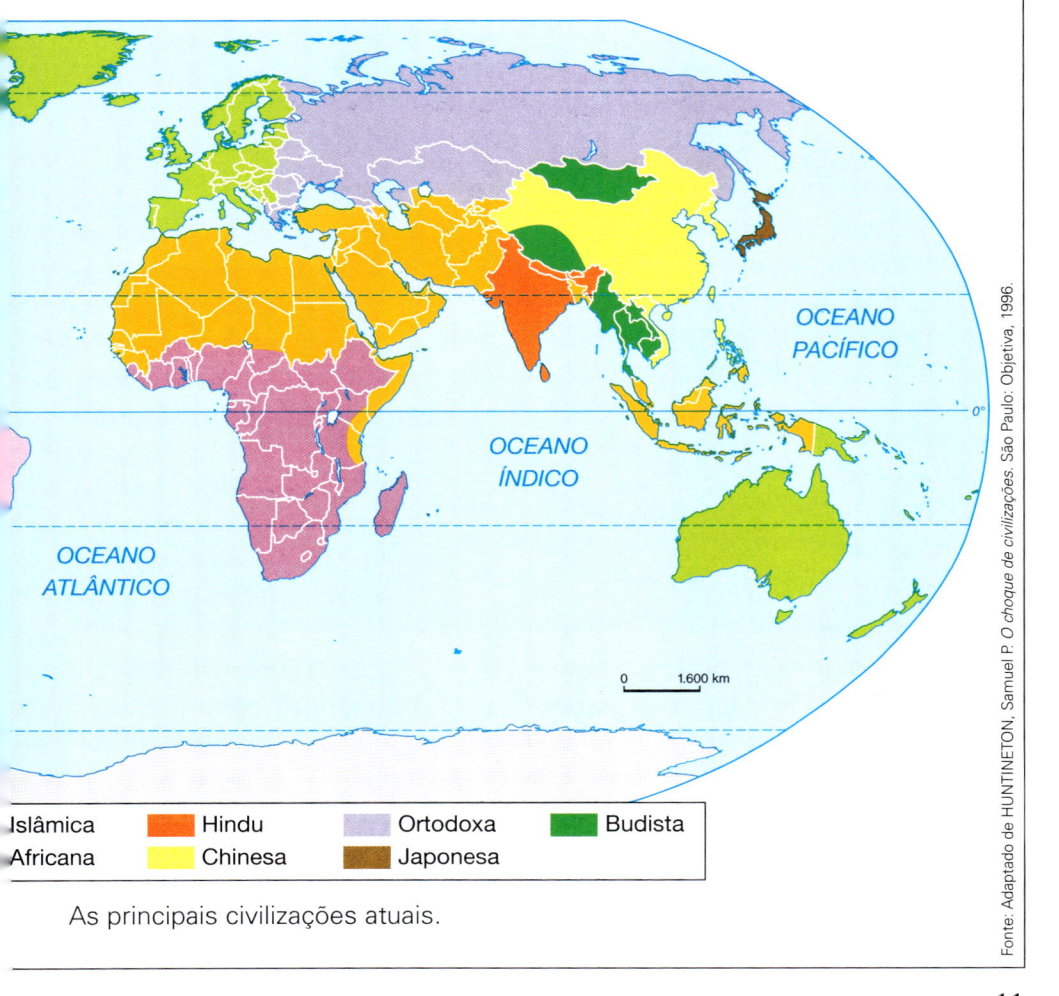

Islâmica | Hindu | Ortodoxa | Budista
Africana | Chinesa | Japonesa

As principais civilizações atuais.

Fonte: Adaptado de HUNTINETON, Samuel P. O choque de civilizações. São Paulo: Objetiva, 1996.

delas possuem um Estado-núcleo ou líder, como são os casos da China para a civilização chinesa e da Índia para a civilização hindu. A chamada civilização ocidental sempre abrigou um grande número de entidades políticas, mas um pequeno número de Estados-núcleos, cuja influência variou ao longo do tempo.

Durante o seu apogeu, entre os séculos XV e XVII, o Império Otomano poderia ser considerado um Estado-núcleo da civilização islâmica. Com sua posterior decadência e desaparecimento, no início do século XX, não houve mais um Estado-núcleo dessa civilização.

Como as civilizações têm uma espécie de "ciclo de vida", muitas delas desapareceram ao longo do tempo, mas deixaram inúmeros vestígios de sua existência, cujo impacto e ecos culturais sobrevivem até nossos dias. Por exemplo, não há nenhuma dúvida a respeito da importância das civilizações grega e romana para a atual civilização ocidental.

Especialistas em estudos sobre civilizações possuem opiniões bastante diferentes quanto ao número de civilizações que já existiram. Num aspecto, porém, todos concordam: existiram importantes civilizações ao longo do tempo que se localizaram em todos os continentes e envolveram as mais diferentes etnias. Isso elimina qualquer dúvida sobre o fato de que ser "civilizado" não é privilégio de um único grupo humano, cultura ou religião. Nem permite imaginar que esse agrupamento tenha alcançado um determinado estágio de evolução civilizacional por se localizar numa porção específica da superfície terrestre.

Quanto ao número de civilizações existentes na atualidade, embora não haja concordância entre os estudiosos sobre o assunto, pode-se aceitar a existência de oito principais civilizações: a ocidental, a islâmica, a chinesa, a hindu, a ortodoxa, a latino-americana, a japonesa e a africana. Talvez se possa acrescentar ainda a civilização budista.

A civilização ocidental

Originária da Europa, a civilização ocidental é herdeira das civilizações clássicas da Grécia e de Roma. Atualmente, além da Europa, fazem parte dela a América Anglo-Saxônica, a Austrália e a Nova Zelândia. De maneira geral, quando usado nos dias atuais, o termo "ocidental" designa fundamentalmente a Europa (especialmente a sua porção centro-ocidental) e a América Anglo-Saxônica. Todavia, não são poucos os que consideram a

América Latina também pertencente à civilização ocidental, já que todos os atuais Estados dessa região foram colonizados por países da Europa Ocidental. Mas é também cada vez maior o número de especialistas que classificam a latino-americana como uma civilização com características distintas, especialmente devido às fortes influências culturais indígenas e negro--africanas. Da mesma forma, a Rússia e países de religião cristã ortodoxa da Europa Oriental e Balcânica são considerados partes distintas da civilização ocidental, justamente em função de suas características culturais e das tradições históricas eslavas e ortodoxas.

A civilização ocidental surgiu a partir dos séculos VIII e IX, mas, ainda por longo tempo, foi bem menos desenvolvida econômica e tecnologicamente, se comparada com outras, como a islâmica, a hindu e a chinesa.

Entre os séculos XI e XIII, época na qual ela estava restrita espacialmente à parte ocidental do continente europeu, começou um processo gradativo de incorporação de novas áreas à sua órbita de influência, envolvendo territórios correspondentes às atuais Hungria, Polônia, Escandinávia e aos das proximidades do mar Báltico.

A partir dos séculos XV e XVI, a expansão da civilização ocidental foi avassaladora. Da chamada Reconquista da Península Ibérica, passando pelo ciclo da expansão marítima de Portugal e Espanha, até aproximadamente a metade do século XVIII, a colonização mercantil europeia incorporou aos domínios da civilização ocidental todo o continente americano e parcelas territoriais consideráveis da Ásia.

No final do século XVIII e início do XIX, houve uma retração da influência geopolítica europeia, com a independência dos Estados Unidos e, em seguida, a descolonização da maior parte da América Latina. Nessa época, talvez mais do que em qualquer momento posterior, Europa e Estados Unidos se distanciaram, pois a República norte-americana declarava a sua oposição ao colonialismo e desenvolvia uma visão de mundo oposta à da europeia. A Doutrina Monroe, proclamada em 1823, que tinha como frase--síntese "a América para os americanos", assinalava essa cisão que, ao longo do tempo, se mostraria temporária.

A influência cultural e o poder geopolítico dos europeus renovaram o seu ímpeto de expansão quando, na segunda metade do século XIX, quase todo o continente africano foi incorporado

Representação sem escala.

OCEANO PACÍFICO

Nova Zelân

ESTADOS
UNIDOS

JAPÃO

Império Russo

CHINA

AMÉRICA
LATINA

Índias Britâni

Afeganistão

Império Otomano

OCEANO ATLÂNTICO

Libéria

Etiópia

ÁFRICA

OCE

Mundo eurocêntrico (1900).

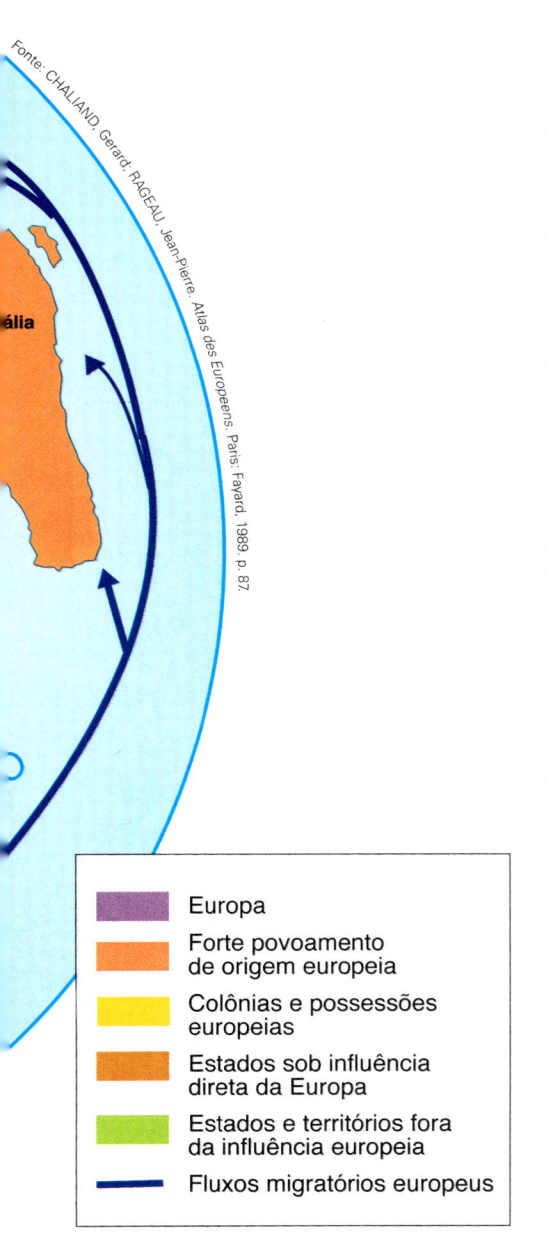

Fonte: CHALIAND, Gerard; RAGEAU, Jean-Pierre. Atlas des Européens. Paris: Fayard, 1989. p. 87

Europa

Forte povoamento de origem europeia

Colônias e possessões europeias

Estados sob influência direta da Europa

Estados e territórios fora da influência europeia

Fluxos migratórios europeus

aos impérios britânico, francês, alemão, belga e italiano, que também já contava anteriormente com possessões espanholas e portuguesas. Na mesma época, consolidava-se o controle ocidental sobre o subcontinente indiano, a Indochina e outras partes da Ásia. Em 1874, mais de 65% das terras habitadas do planeta encontravam-se sob a influência direta da civilização ocidental, parcela que aumentou para cerca de 85% às vésperas da Primeira Guerra Mundial.

Durante sua secular e contínua expansão, os ocidentais virtualmente eliminaram as civilizações ameríndias. Além disso, as culturas indiana, islâmica e africana foram subjugadas e a chinesa foi subordinada aos "desejos" ocidentais. Somente as civilizações japonesa, russa e etíope conseguiram, parcialmente, escapar ao ímpeto expansionista do Ocidente. As principais ideologias e doutrinas políticas dos séculos XIX e XX – o liberalismo, o anarquismo, o socialismo, o nazifascismo, o comunismo, o nacionalismo – foram produtos da civilização ocidental.

China: uma potência neocolonial na África?

Há pouco menos de cinco anos, o Produto Interno Bruto (PIB) somado dos 53 países africanos (que hoje são 54) era menor que o PIB brasileiro, situação que já mudou. Em conjunto, as economias africanas ultrapassaram a brasileira, tanto devido à profunda recessão econômica no Brasil quanto pelo crescimento das economias da maioria dos países africanos. Nos primeiros anos da segunda década do século XXI, o crescimento médio do PIB da maioria dos países da África girou entre 4% e 5% ao ano.

É verdade que o crescimento econômico africano da última década se fez sobre uma base inicial bem pequena, o que ajuda a entender seu ritmo acelerado. Mas a expansão reflete, antes de tudo, o papel da China de investidor e parceiro comercial dos países da África.

As ligações da China com a África, que têm raízes seculares, começaram a se intensificar após a Revolução Chinesa de 1949. Na década seguinte, que coincidiu com a expansão dos movimentos de libertação dos países africanos contra o jugo das potências coloniais europeias, o objetivo dos chineses era "exportar" sua revolução. Nesse contexto, vários movimentos de libertação receberam apoio ideológico e material em suas lutas pela independência.

Na África, a China tinha o objetivo de impedir o reconhecimento de Taiwan, sua "província rebelde", como país independente. A estratégia foi bem-sucedida, já que, em 1971, o apoio de muitos países africanos foi crucial para que o governo da China assumisse a cadeira de membro permanente do Conselho de Segurança da ONU, até então ocupada pelo governo de Taiwan.

A ruptura política da China com a União Soviética (1960) e, na sequência, a Revolução Cultural (1966-1976) isolaram a China no cenário internacional. Foi durante a década de 1960 que o governo chinês passou a considerar os soviéticos a principal ameaça à sua segurança, o que conduziria à aproximação com os Estados Unidos, na primeira metade dos anos 1970.

O início da década de 1980 marcou um radical ponto de inflexão na política externa chinesa, como reflexo das reformas econômicas deflagradas pelo novo líder do regime comunista, Deng Xiaoping. A abertura para o mundo exterior, batizada de "economia socialista de mercado", destinava-se a integrar a

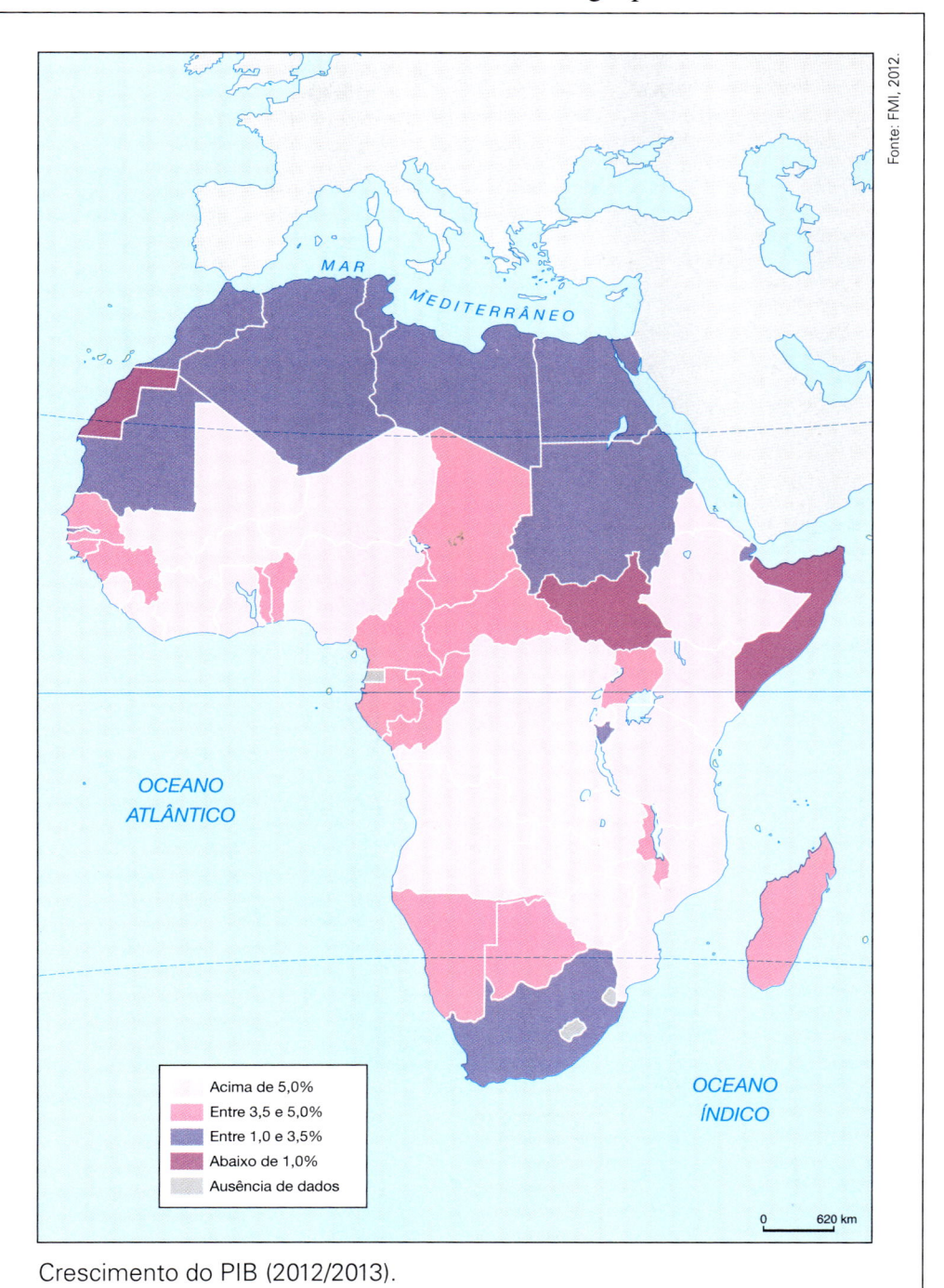

Fonte: FMI, 2012.

MAR MEDITERRÂNEO

OCEANO ATLÂNTICO

OCEANO ÍNDICO

Acima de 5,0%
Entre 3,5 e 5,0%
Entre 1,0 e 3,5%
Abaixo de 1,0%
Ausência de dados

0   620 km

Crescimento do PIB (2012/2013).

Fonte: FMI, 2012.

Legenda:
- Principais parceiros comerciais
- Outros países (com diferentes graus de relacionamento com a China)

0 — 650 km

A presença da China na África.

China aos fluxos mundiais da globalização. Naquele período, a China priorizou sua agenda interna de reformas econômicas, enquanto o continente africano enfrentava crises econômicas sucessivas e a propagação de conflitos internos em vários países. De fato, nos primórdios da chamada globalização, a África Subsaariana experimentou um processo de deterioração de sua posição no comércio internacional e permaneceu à margem dos fluxos de investimentos estrangeiros.

Todo o cenário começou a mudar na segunda metade da década de 1990, especialmente após a viagem do presidente chinês Jiang Zemin ao continente africano, em 1996. Naquela ocasião, Zemin expôs uma proposta de cinco pontos, que estabelecia os termos de uma nova relação da China com a região. Segundo o líder chinês, a parceria se apoiaria no respeito à integridade territorial e à soberania nacional, nos princípios da não agressão e da não interferência em assuntos internos de outros Estados, em vantagens econômicas mútuas e igualitárias. Essencialmente, a China estava dizendo que, ao contrário das potências ocidentais, não discriminaria países em função das políticas internas autoritárias de seus governos.

Dez anos exatos depois da visita, realizou-se a Cúpula Sino-Africana, que reuniu em Pequim, na China, a quase totalidade dos governantes africanos com dirigentes chineses. São muitas as razões do grande interesse dos chineses no continente. Primeiramente, para manter o ritmo de crescimento de sua economia, o governo chinês necessita importar crescentes quantidades de matérias-primas minerais, especialmente energéticas (petróleo), abundantes na África. A China também precisa vender mercadorias que produz em mercados consumidores em expansão, como é o caso do africano, assim como investir seu capital excedente.

A China oferece aos países africanos um "pacote" de investimentos em infraestrutura como forma de pagamento pelos recursos naturais extraídos e faz empréstimos com prazos mais alongados e juros mais baixos que os oferecidos pelas potências ocidentais. Mesmo que a maioria dos investimentos em estradas, ferrovias, portos e dutos seja voltada principalmente à exploração de petróleo, por todo o continente os chineses investiram na construção de escolas, hospitais, usinas, estádios de futebol, palácios de governo. Daí, a presença da China em quase todos os recantos do continente africano.

A cooperação não é "igualitária" e muitos analistas falam num singular "neocolonialismo" chinês na África. A relação gera endividamento dos Estados africanos, e as empresas chinesas na África utilizam-se, muitas vezes, de trabalhadores importados da China, em detrimento da mão de obra local. Além disso, a China tem sido criticada pelo apoio prestado a regimes que violam sistematicamente os direitos humanos, como é o caso do Sudão.

Para alguns países africanos, a crescente presença econômica chinesa parece significar novas oportunidades. Todavia, a história mostra que depender exclusivamente da exportação de *commodities* não é suficiente para a promoção do desenvolvimento econômico de longo prazo em economias periféricas. Sem uma transformação nas estruturas produtivas para setores de maior valor agregado, os atuais ganhos representarão apenas um breve episódio de sucesso econômico incrustado numa trajetória mais longa de espoliação do continente africano.

Acordo Sykes-Picot ainda assombra o mundo árabe

Em junho de 2014, após derrubar a última marca que identificava a fronteira entre a Síria e o Iraque, um representante da organização jihadista Estado Islâmico no Iraque e na Síria proclamou que o Acordo Sykes-Picot estava liquidado. O acordo originalmente secreto, firmado entre Grã-Bretanha e França em 1916, em plena Primeira Guerra Mundial (1914-1918), foi a base para a delimitação de grande parte das fronteiras atuais entre os países do Oriente Médio.

No sistema geopolítico multipolar do início do século XX, as principais potências situavam-se no continente europeu, com destaque para Grã-Bretanha e França, detentoras dos maiores impérios coloniais. Em um segundo plano, estavam os impérios Alemão, Russo, Austro-Húngaro e Otomano. O jogo de interesses entre essas potências deu origem a uma série de alianças que estão na raiz da deflagração da Primeira Guerra.

Apesar da enorme extensão de seu império colonial, os britânicos dependiam do petróleo, uma matéria-prima energética que se tornava cada vez mais importante, especialmente o extraído na região da Mesopotâmia, que fazia parte do Império Turco-Otomano. Por conta disso, esse território e algumas áreas adjacentes tornaram-se focos das atenções de potências europeias como França, Alemanha e Rússia.

O Império Turco-Otomano já era um gigante enfraquecido, o "homem doente da Europa", numa expressão da época, e perdia gradativamente o controle de territórios sob seu domínio. Às vésperas da eclosão da guerra, a desintegração do império era entendida como uma questão de tempo, e as potências europeias se preparavam para avançar sobre seus despojos.

Negociado no final de 1915, o acordo foi assinado em maio de 1916 pelos diplomatas Mark Sykes (britânico) e François Georges-Picot (francês). Era um pacto secreto entre os dois governos, que se abriu depois à participação do Império Russo e da Itália. Ele definiu o desenho geopolítico do Oriente Médio e, desde então, funciona como um dos pilares da ordem geopolítica regional.

O acordo conciliava os interesses britânicos e franceses durante a Primeira Guerra Mundial, travada entre a Tríplice Entente (Grã-Bretanha, França e Império Russo) e a Tríplice Aliança (Império Alemão, Austro-Húngaro e Itália, que mudou de lado no primeiro ano do conflito). O Império Turco-Otomano, que controlava amplas áreas do Oriente Médio, juntou-se à Tríplice Aliança.

Segundo o pacto secreto, os britânicos assumiriam o controle dos territórios que atualmente correspondem, em linhas gerais, à Jordânia e ao Iraque, além de uma pequena área em torno de Haifa, cidade situada na porção setentrional do atual Estado de Israel. Aos franceses, caberia o sudeste do que hoje é a Turquia, a Síria, o Líbano e o norte do Iraque. As duas potências ficaram livres para definir as fronteiras no interior daquelas áreas. A Palestina, que abrange atualmente Israel e os territórios palestinos de Gaza e Cisjordânia, ficaria sob tutela internacional.

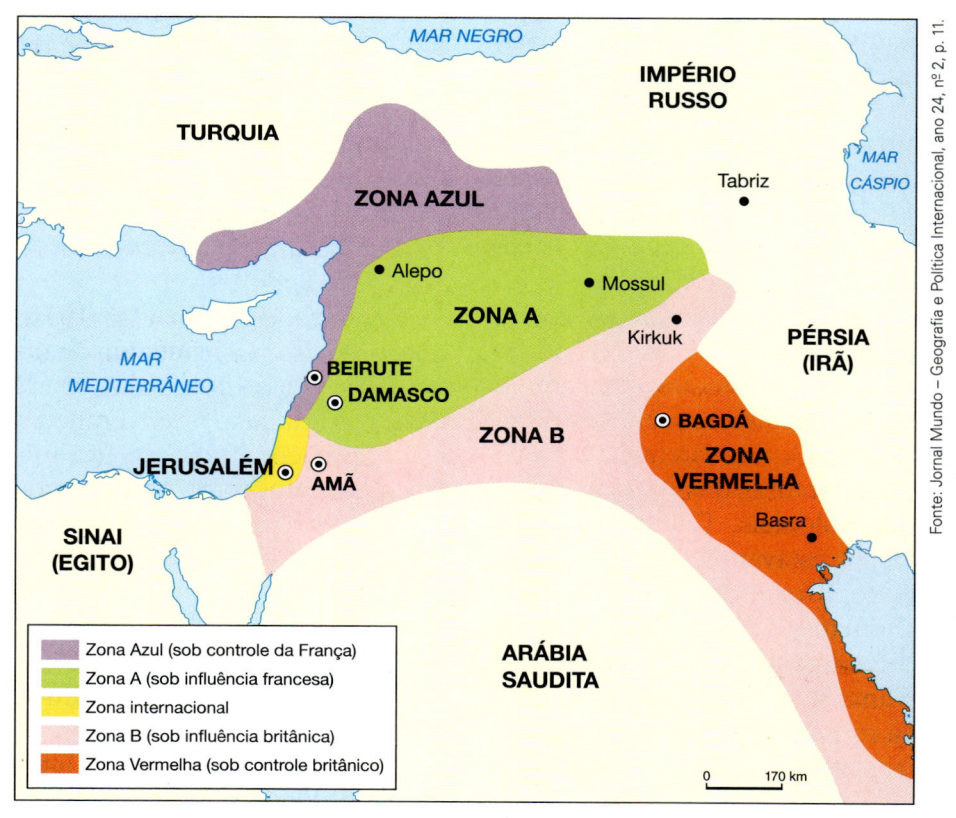

Fonte: Jornal Mundo – Geografia e Política Internacional, ano 24, nº 2, p. 11.

O acordo Sykes-Picot.

O governo britânico comprometera-se a apoiar a criação de países árabes independentes ao final da guerra, caso seus líderes se dispusessem a lutar contra os turco-otomanos. A promessa britânica fora avalizada, antes do início da guerra, pelo oficial T. E. Lawrence, o famoso "Lawrence da Arábia". O Acordo Sykes-Picot foi uma traição de Londres àquele compromisso. Ele também abriu o caminho para a Declaração de Balfour, de 1917, pela qual os britânicos acenaram com a criação de um Lar Nacional Judeu na Palestina, passo inicial que conduziria à criação do Estado de Israel, em 1948.

Atualmente, circula a tese de que o Acordo Sykes-Picot, junto com a Declaração de Balfour, foi idealizado para obter o apoio do movimento sionista internacional e especialmente dos judeus norte-americanos, objetivando induzir os Estados Unidos a ingressar na guerra europeia ao lado da Entente. Teria servido, também, para impulsionar a Itália a mudar de lado, visto que o país mantinha um conflito com o Império Turco-Otomano desde 1911. Como contrapartida pela troca de alianças, os italianos receberiam o controle da Líbia e de algumas ilhas do Mar Egeu. O Império Russo seria recompensado com a Armênia.

O acordo só chegou ao conhecimento mundial porque Lenin, o líder bolchevique da Revolução Russa de 1917, denunciou sua existência e renunciou às pretensões do regime czarista, que havia acabado de derrubar. Apesar dos constrangimentos causados pela revelação, a maior parte dos termos do Sykes-Picot foi ratificada pela Conferência de San Remo (1920) e pelo Conselho da Liga das Nações, que concedeu, em 1922, os mandatos britânico e francês no Oriente Médio. Diversas tensões no Oriente Médio, que eclodem em crises sucessivas, refletem os efeitos da criação de fronteiras nacionais adaptadas aos interesses franco-britânicos.

Os jihadistas do Estado Islâmico cultivam mitos e sonhos. Mas a proclamação da falência do Acordo Sykes-Picot não deve ser vista, exclusivamente, como uma declaração de fanáticos. A crise em curso, expressa pela guerra civil na Síria, pelos persistentes conflitos no norte do Iraque e pela ascensão militar do nacionalismo curdo, atesta a desestabilização da ordem nascida com o acordo centenário. O vazio de poder aberto nessa área foi provisoriamente ocupado pelo Estado Islâmico, que se apoderou de territórios e proclamou um califado em 2014. O projeto dos jihadistas é redesenhar o mapa do Oriente

Médio de acordo com sua visão de mundo.

No cenário do Oriente Médio operam potências regionais (Irã, Turquia e Arábia Saudita) e extrarregionais (Rússia, Estados Unidos, países europeus e China). Todos, de alguma forma, tentam tirar proveito das históricas rivalidades religiosas (especialmente entre muçulmanos sunitas e xiitas) e étnicas (curdos e yazidis, entre outras). Contudo, os diversos atores temem a expansão do Estado Islâmico, cujas ações reativaram o nacionalismo curdo, abrindo a inesperada possibilidade da criação de um Curdistão soberano. A hipótese assusta a Turquia, o Iraque, a Síria e o Irã, países que abrigam minorias curdas.

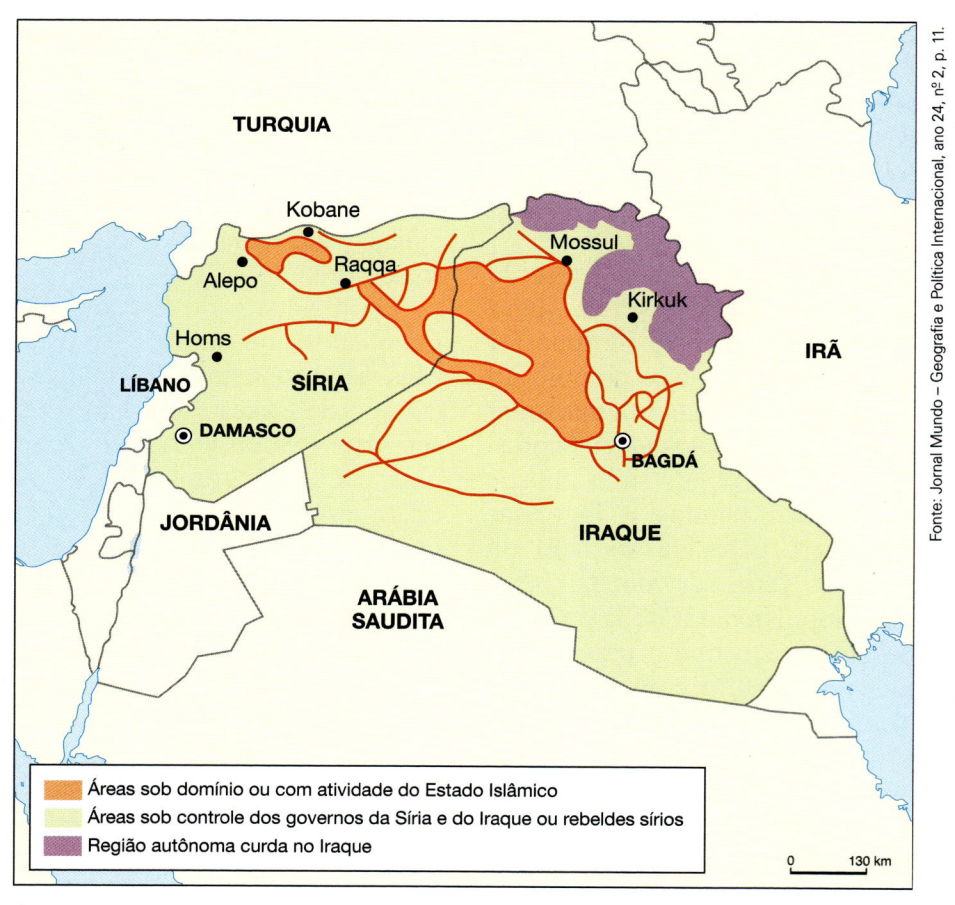

Fonte: Jornal Mundo – Geografia e Política Internacional, ano 24, nº 2, p. 11.

Áreas sob domínio ou com atividade do Estado Islâmico
Áreas sob controle dos governos da Síria e do Iraque ou rebeldes sírios
Região autônoma curda no Iraque

0   130 km

Presença do Estado Islâmico na Síria e no Iraque.

As duas grandes religiões africanas

Embora exista muita polêmica a respeito e dados estatísticos nem sempre confiáveis, os seguidores do islamismo atualmente, representam o grupo religioso mais numeroso do continente, perfazendo quase 45% da população, seguido dos adeptos do cristianismo, que correspondem a aproximadamente 40%. Os cultos africanos tradicionais – denominados genericamente animistas – e ateus correspondem ao restante.

É curioso notar que nenhuma das duas maiores religiões é nativa do continente. O cristianismo foi introduzido pelos colonizadores europeus, e o islamismo remonta ao longo período da ocupação árabe e otomana, especialmente no norte e leste do continente. Apesar da enorme perda de influência, as religiões tradicionais (algumas delas aparentadas ao Candomblé e à Umbanda no Brasil) são praticadas por cerca de 100 milhões de africanos.

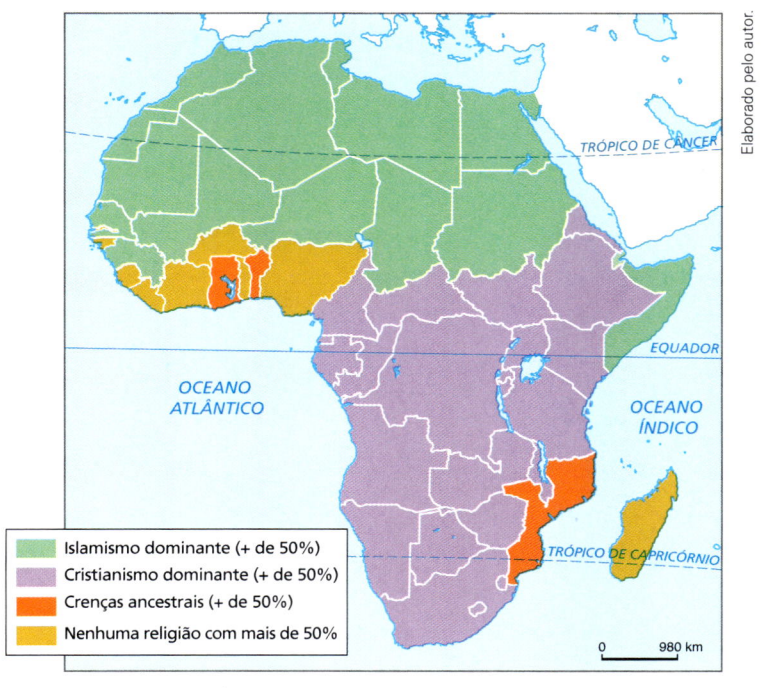

Elaborado pelo autor.

Islamismo dominante (+ de 50%)
Cristianismo dominante (+ de 50%)
Crenças ancestrais (+ de 50%)
Nenhuma religião com mais de 50%

Religiões na África.

Quase 30% dos muçulmanos do mundo vivem na África, o segundo continente com maior contingente de islâmicos. Embora a religião islâmica possua duas correntes principais (sunitas e xiitas), mais ou menos 95% dos muçulmanos africanos seguem o rito sunita. O islamismo tem crescido na África mais pelo incremento demográfico do que pela conversão.

A presença muçulmana é esmagadora nos países do norte — Marrocos, Argélia, Tunísia, Líbia, Egito e Mauritânia. Seu contingente, de maneira geral, vai diminuindo à medida que se avança para o sul, área onde a presença das crenças nativas (em especial na África Ocidental) e principalmente do cristianismo é bem mais expressiva. Na África Meridional, os seguidores do islamismo não chegam a 10%.

A maioria dos cristãos segue o catolicismo, mas o protestantismo é expressivo. Um fenômeno relativamente recente é o grande crescimento das igrejas carismáticas e neopentecostais, que estão dando uma nova feição para o cristianismo na África e no resto do mundo. Especialmente nas últimas décadas, elas tiveram um crescimento extraordinário.

A face sombria do racismo nos Estados Unidos

Uma série de efemérides ligadas ao encerramento de importantes conflitos ocorridos no mundo foi celebrada em 2015. Vamos aos exemplos: há 70 anos terminava a Segunda Guerra Mundial (1939-1945); há 40 anos, o fim da Guerra do Vietnã (1964-1975); e há 20 anos o término da Guerra da Bósnia (1992--1995). Um pouco mais distante, deve-se lembrar de que, em 1865,

encerrava-se a Guerra da Secessão ou guerra civil americana iniciada em 1861.

Em especial, esse último conflito é considerado por muitos o maior evento bélico da história americana, uma vez que a não desintegração territorial dos Estados Unidos foi fundamental para que o país, décadas mais tarde, se transformasse na maior potência do planeta, condição que usufrui até os dias atuais.

A Guerra da Secessão fez mais de 500 mil mortos e cerca de 400 mil feridos e opôs estados do norte aos do sul tendo como foco central do conflito as divergências sobre a questão da abolição

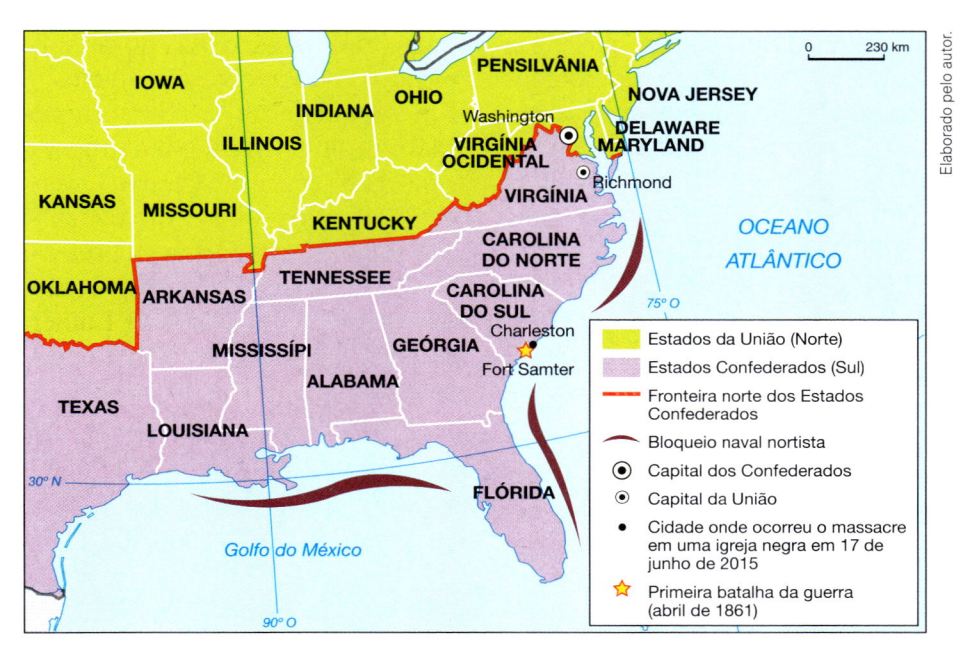

Uma visão cartográfica da Guerra da Secessão.

27

da escravatura no país, já que os nortistas, denominados ianques, defendiam o fim da escravidão, enquanto os sulistas – os confederados – queriam que ela fosse mantida. Depois de quatro longos anos de luta, o norte venceu, evitando a criação dos Estados Confederados da América e, portanto, a divisão do país.

Ao longo da primeira metade do século XIX, as regiões norte e sul dos Estados Unidos desenvolveram e consolidaram características bem distintas. A porção norte, que recebia um grande contingente de imigrantes, se utilizou destes como mão de obra assalariada para desenvolver sua crescente atividade industrial. O poderio obtido pela burguesia industrial nortista teve como consequência uma maior representatividade política desse segmento social, acirrando disputas políticas internas, especialmente após a eleição, em 1861, de Abraham Lincoln, grande defensor do fim da escravidão.

Enquanto isso a região sul do país desenvolvia um sistema tradicional de produção primária que tinha como base a grande propriedade rural com utilização de mão de obra escrava. O choque de interesses irreconciliáveis entre a burguesia industrial do norte e a aristocracia agrária do sul levou ao desencadeamento do conflito.

A vitória do norte e a consequente abolição da escravatura não encerraram a discriminação contra os negros no país. Ao final da Guerra da Secessão, os estados do sul criaram leis segregacionistas que separavam os lugares e os equipamentos públicos utilizados por negros e brancos. A Suprema Corte deu sustentação a essa legislação com base no princípio "separados, mas iguais". Foi mais ou menos nessa época que surgiu a Ku Klux Klan, uma dentre várias seitas secretas racistas que se notabilizaram em atacar as populações negras.

A primeira vitória dos movimentos civis que lutavam pela igualdade racial aconteceu em 1956, com a derrubada do princípio dos "separados, mas iguais". Em seguida, sob a liderança de Martin Luther King, o movimento conseguiu aprovar a lei dos Direitos Civis, que proibia a discriminação sob qualquer forma ou pretexto. Vale ressaltar que assim como Abraham Lincoln, Martin Luther King foi morto num atentado perpetrado por brancos racistas.

Apesar de ao longo do tempo ter surgido uma classe média negra importante e até certo ponto influente, a pobreza e o desemprego continuam até hoje a atingir muito mais a população negra do que outros segmentos raciais do país. A segregação banida das leis subsiste nas práticas sociais do dia a dia. O sistema judiciário discrimina as regras de maneira sutil.

A violência policial atinge principalmente os negros. Exemplos recentes: entre julho de 2014 e junho de 2015 ocorreu cerca de uma dezena de incidentes envolvendo policiais brancos e cidadãos negros que resultaram em morte desses últimos, que provavelmente não teriam ocorrido se os suspeitos interceptados pela polícia fossem brancos. Vale destacar que tais incidentes ocorreram em diversas regiões e cidades do país, como Nova Iorque, Cleveland, Atlanta, Baltimore e Charleston.

Por uma ironia da história, nas proximidades de Charleston, situada no estado da Carolina do Sul, foi que teve início a Guerra da Secessão, quando forças con-

federadas atacaram e tomaram o Forte Sumter. Foi justamente nessa cidade que, em 17 de junho de 2015, cento e cinquenta anos depois de terminado o conflito, Dylann Roof, um jovem branco de 21 anos, adentrou a Igreja Episcopal Africana de Charleston, uma das igrejas afro-americanas mais antigas do país, e disparou sua arma, matando nove pessoas que assistiam ao culto. Segundo declarações do assassino, ele queria desencadear uma guerra racial nos Estados Unidos.

Depois de prender Dylann Roof, o autor do atentado na igreja de Charleston, a polícia descobriu que o jovem havia postado fotos nas redes sociais em que aparecia segurando a bandeira usada pelos confederados – não é totalmente incomum ela aparecer hasteada em prédios públicos

© Alexander Zavadsky/Shutterstock

Bandeira confederada.

de estados do sul –, fato que se tornou alvo de debates políticos acalorados no país.

O então presidente Barack Obama declarou que essa bandeira deveria estar num museu, já que para a maioria dos norte--americanos ela é símbolo da escravidão, repressão e vergonha. Na verdade, é melancólico que o primeiro presidente negro do país se veja compelido a ocupar-se periodicamente com a herança de racismo em sua sociedade.

Voltando à bandeira confederada e à guisa de curiosidade, vale lembrar que ela aparece periodicamente em festividades no Brasil. Logo após o final da Guerra da Secessão, um número significativo de norte-americanos do sul migrou para outros países e cerca de 3 mil deles, entre 1866 e 1868, tiveram como destino o Brasil.

A maioria deles se fixou no interior de São Paulo, especialmente na região de Santa Bárbara do Oeste, distante pouco mais de 130 quilômetros da capital, onde se realiza anualmente uma festividade que celebra a "cultura" dos confederados. A vizinha cidade de Americana recebeu esse nome por conta da presença desses imigrantes. Talvez a descendente mais famosa desse grupo seja a cantora e compositora Rita Lee.

Caxemira: conflito no "teto" do mundo

A Caxemira é uma região histórico-geográfica cujos limites não são muito precisos e que se situa entre a Ásia Central fundamentalmente muçulmana e os mundos indiano e chinês. Com um território de aproximadamente 220.000 km² (pouco menor que o estado de São Paulo), abriga pouco mais de 10 milhões de habitantes e está dividida entre Índia, Paquistão e China. Na prática, ela é constituída por um conjunto heterogêneo de seis entidades bem distintas, no interior das quais as realidades políticas, étnicas, religiosas e linguísticas são bastante variadas.

A chamada Caxemira "indiana" corresponde ao estado de Jamu-Caxemira, tem pouco mais de 100.000 km², uma população de aproximadamente 6,5 milhões e é o único estado da Índia em que a maioria da população, cerca de 85%, é constituída por muçulmanos. Desde o final da década de 1980, a região tem sido palco de movimentos separatistas particularmente violentos. Essa parte da Caxemira pode ser dividida em três regiões distintas.

A primeira delas corresponde ao vale do rio Jhelum, núcleo histórico da Caxemira, onde se localiza a cidade de Srinagar, sua capital e principal cidade. A população dessa área é estimada em 3 milhões e os muçulmanos de rito sunita correspondem a mais de 90% do efetivo populacional regional.

A segunda é a região de Jamu, situada na parte meridional da Caxemira, vizinha ao estado indiano do Punjab. É uma área junto ao sopé do Himalaia, povoada por quase 3 milhões de pessoas, das quais dois terços, aproximadamente, professam o hinduísmo.

A terceira área da Caxemira indiana é conhecida como Ladakh e corresponde a uma região muita acidentada, fracamente povoada (cerca de 150 mil pessoas), cujos habitantes, em sua maioria, são de cultura tibetana, que professam o budismo. Existe ainda nessa área uma significativa minoria muçulmana.

A Caxemira sob o controle do Paquistão possui cerca de 78 mil km², é habitada por quase 3,5 milhões de pessoas e compreende duas regiões distintas. A primeira delas corresponde aos Territórios do Norte e é administrada diretamente pelo governo federal. Nessa parte paquistanesa da Caxemira vivem cerca de 600 mil pessoas, a maioria formada por muçulmanos de rito xiita.

A segunda área da Caxemira paquistanesa é conhecida como Azad-Caxemira (Caxemira Livre), possui uma extensão de 13 mil km² e uma população pouco inferior a três milhões de pessoas, em sua maior parte muçulmanos xiitas. Ela tem uma condição político-administrativa muito peculiar: dispõe de Constituição e parlamento próprios, é dirigida por um Primeiro-ministro e beneficia-se de uma autonomia relativa em relação aos poderes legislativo, executivo e judiciário. Todavia, os aspectos ligados à defesa, às relações exteriores e finanças são de responsabilidade exclusiva do governo do Paquistão.

Por fim, a Caxemira chinesa tem pouco mais de 40 mil km², apenas alguns milhares de habitantes e corresponde quase totalmente à área conhecida como Aksai-Chin. Essa área está ligada à região autônoma do Tibete chinês e é uma zona historicamente ligada à influência tibetana. Uma parte dessa região foi conquistada pela China à Índia em 1962.

A Índia defende uma concepção de Caxemira bastante ampla, levando em conta considerações de ordem histórica. A Índia entende como Caxemira a totalidade dos territórios administrados pelo marajá da Caxemira no século XIX, monarca que obteve esses territórios por herança (Jamu), por compra (vale do Jhe-lum) e por conquista militar (Ladakh e Baltistão). Dentro dessa concepção geográfica mais ampla, o país reivindica a totalidade do território caxemir, inclusive as partes que atualmente estão sob o controle do Paquistão e da China.

Já o Paquistão tem uma concepção geográfica mais limitada, que repousa sobre considerações socioculturais nas quais tenta estabelecer uma ligação direta entre a identidade nacional caxemir e a religião muçulmana. Por conta disso, o país não reivindica senão uma parte da Jamu-Caxemira indiana, considerando inclusive que as porções orientais da região – o Ladakh e o Aksai-Chin – não fazem parte da verdadeira Caxemira.

Todavia, se o governo do Paquistão vê oficialmente a questão sob o ângulo da identidade religiosa, de forma não oficial, pesam os aspectos de ordem estratégica. Num eventual controle paquistanês sobre esses territórios, o país abriria um novo acesso à China, uma tradicional aliada, e, sobretudo, permitiria ao Paquistão controlar as fontes de quase todos os grandes rios que atravessam seu território, inclusive todo o médio vale do rio Indo.

Às dificuldades de delimitação geográfica da região se junta uma outra incerteza referente à existência da nacionalidade caxemir. Embora a maioria da população da região seja muçulmana, a Caxemira foi, ao longo dos séculos, um importante lugar para o hinduísmo e para o budismo antes de iniciado o processo de expansão islâmica datada do século XIV.

Esse rico passado pré-islâmico não desapareceu totalmente, fato que pode ser comprovado pela presença de mais de 1,5 milhão de não muçulmanos vivendo na região. Assim, a Caxemira se caracteriza por uma heterogeneidade linguística, cultural e étnica, fator que se reflete numa dualidade nas definições de caráter identitário. No interior dos movimentos que lutam contra o domínio da Índia, alguns privilegiam um combate de caráter religioso, em que fica expresso o desejo de integrar a região ao Paquistão. Outros, no entanto, lutam pela preservação de uma identidade nacional caxemir que busque independência num contexto pluriconfessional.

Mais de 60 anos após a independência da Índia e do Paquistão e do primeiro conflito entre os dois países a respeito da soberania sobre a Caxemira, muitas incertezas pairam sobre o futuro dessa conturbada região.

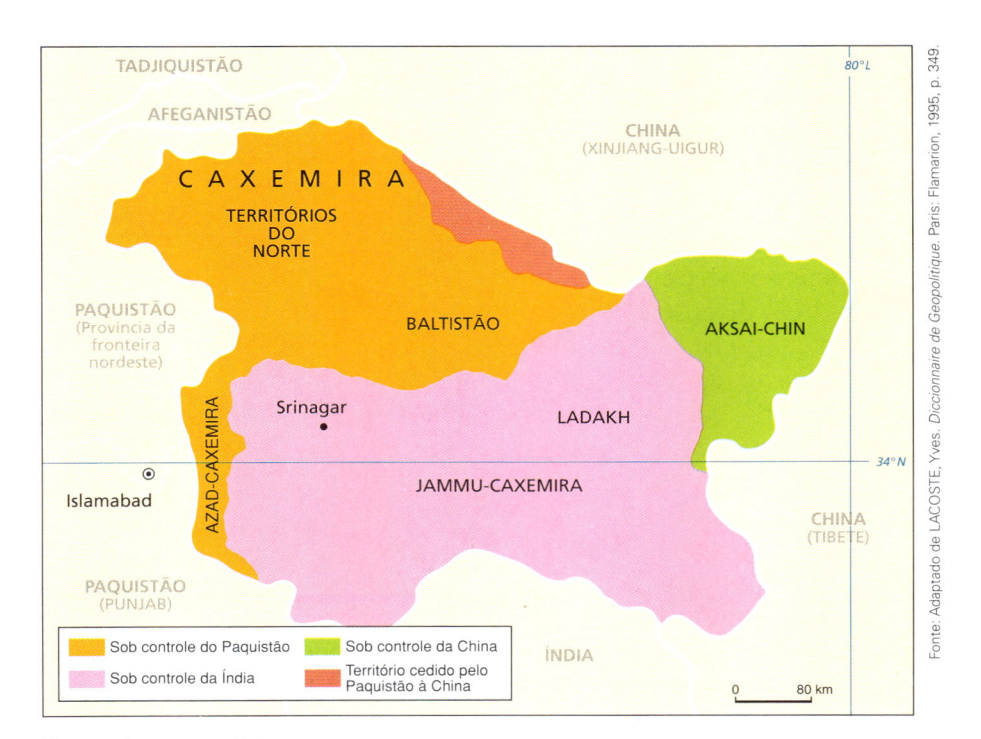

Fonte: Adaptado de LACOSTE, Yves. *Dicciomaire de Geopolitique*. Paris: Flamarion, 1995, p. 349.

Caxemira geopolítica.

África: novos conflitos, novos personagens

Depois de mais de uma dezena de anos, mais precisamente após o genocídio ocorrido em 1994 em Ruanda, a imagem da África, que já não era boa, tornou-se ainda pior. Isso porque, após o que aconteceu naquele pequeno país da região do Planalto dos Grandes Lagos, tragédias semelhantes continuaram acontecendo. Pior: os conflitos que ocorrem em um país com frequência repercutem em países vizinhos. Além disso, nem sempre é fácil entender claramente o papel e os motivos dos antagonistas envolvidos nos conflitos.

Esses conflitos – classificados genericamente de étnicos e que eclodem periodicamente em países da África Subsaariana – têm como tônica o envolvimento de povos vizinhos, cujas características são mais ou menos diferentes. Alguns desses conflitos são esporádicos e duram alguns dias ou semanas, como tem acontecido na Nigéria. Outros, como na região da África Oriental (Planalto dos Grandes Lagos), no Sudão, na Somália, no Congo, mas também na África Ocidental (Libéria, Serra Leoa, Costa do Marfim),

são bem mais graves e persistentes, podendo durar vários anos, e têm sido responsáveis por milhões de vítimas.

Na maior parte dos casos, os conflitos são internos, entre populações mais ou menos próximas, muitas vezes misturadas, como é o caso de tútsis e hútus em Ruanda e no Burundi. Todavia, tem sido cada vez mais comum que esses conflitos acabem envolvendo países vizinhos, como o que ocorreu recentemente na República Democrática do Congo (ex-Zaire), onde forças armadas de Ruanda, Uganda, Zimbábue e Angola não só tomaram partido das facções congolesas em luta, como acabaram se enfrentando em pleno território congolês.

A novidade dos conflitos recentes é que eles não são mais explicados apenas por razões geopolíticas de grande envergadura (tipo capitalismo x socialismo), como acontecia no tempo da Guerra Fria. A ação de grupos fundamentalistas islâmicos, fenômeno que pode ser considerado de grande envergadura no início do século XXI, tem importância pequena ou quase nula no contexto geopolítico do centro-sul do continente. Vale ressaltar que, na região da bacia do Congo e do Planalto dos Grandes Lagos, o número de muçulmanos é bem pouco expressivo e é justamente nessas regiões que os conflitos têm sido mais mortíferos e duradouros.

Não se pode também entender os conflitos da África Subsaariana sem levar em conta a extrema diversidade étnica e linguística da região e, sobretudo, não se deve esquecer que nessa parte do mundo o tráfico negreiro durou cerca de três séculos. Esse evento histórico deixou marcas profundas no relacionamento entre grupos "capturados" e "captores" que o tempo não tem conseguido apagar.

A multiplicação dos conflitos pode ser explicada também pelo crescimento demográfico dos diferentes grupos étnicos e pela necessidade de cada um deles em estender suas terras cultivadas para compensar os efeitos da degradação dos solos. A exacerbação dos conflitos entre hútus e tútsis em Ruanda resultou, parcialmente, da luta por terras férteis num pequeno país cuja densidade demográfica é de aproximadamente 300 habitantes por quilômetro quadrado.

Ademais, a África Subsaariana tem sofrido, mais do que em outras partes, dos problemas ambientais inerentes ao mundo tropical, sobretudo porque as produções agrícolas se fazem principalmente sobre solos pobres e frágeis. Na África, fora dos vales, os diferentes grupos étnicos que praticam a agricultura, cujos rendimentos declinam sistematicamente, se esforçam em estender seu território em detrimento dos grupos vizinhos.

Refugiados e jihadistas, polos opostos de uma guerra regional

A história da humanidade já foi descrita como uma sucessão quase contínua de guerras, a ponto de o pensador inglês Thomas Hobbes assinalar que os tempos de paz seriam nada mais do que intervalos nos quais se trava a guerra por outros meios. Os conflitos do Oriente Médio, nas últimas décadas, iluminam a ação de antigos e novos personagens.

A guerra civil na Síria, o conflito mais sangrento dos últimos cinco anos, evidenciou a figura de dois "personagens" emblemáticos: o refugiado e o jihadista. Considera-se refugiado o indivíduo cuja vida, a de seus familiares e a de seu grupo étnico, religioso ou nacional é colocada em risco de tal forma que ele decide, como último recurso, abandonar o local onde vive para buscar um lugar seguro em outra área ou país. Refugiados não são imigrantes econômicos. Estes deixam seus países de origem em busca de melhores condições de vida, mas não correm risco iminente de morte.

O refugiado não tem sexo nem idade. Pode ser um homem, uma mulher, uma criança ou um idoso que escapa da guerra e de seu cortejo de horrores. Na atualidade, parcela significativa deles é composta de refugiados internos, isto é, pessoas que tiveram de fugir ou foram expulsas de sua cidade ou povoado, mas não atravessaram fronteiras internacionais. O número de refugiados aumentou consideravelmente nas últimas décadas.

O conflito em curso na Síria é a maior catástrofe humanitária deste século, com cerca de 300 mil vítimas. A guerra deslocou perto de 13 milhões de pessoas, ou cerca de dois terços da população do país. Quase 5 milhões de sírios buscaram refúgio em países vizinhos, como a Turquia, o Líbano e a Jordânia, ou em diversos países europeus, especialmente a Alemanha, a nação europeia menos resistente a recebê-los. A chegada à Europa de uma verdadeira maré humana oriunda do Oriente Médio e da África do Norte colocou a questão dos refugiados em primeiro plano.

A palavra jihadista deriva do termo árabe *jihad*, traduzido geralmente como "guerra santa". Contudo, para a maioria dos estudiosos do Islã, *jihad* significa "esforço", "empenho", "luta". Na esfera da doutrina religiosa, significa essencialmente o chamado a uma luta interior pela preservação da fé. Esta é a "*jihad* maior". Já a chamada "*jihad* menor" é a defesa armada do mundo islâmico contra os agressores. As organizações jihadistas, como a Al-Qaeda e o Estado Islâmico (Isis), procuram na *jihad* uma legitimação religiosa para suas ações bélicas.

O jihadismo militante recebeu forte impulso com a invasão do Afeganistão pela União Soviética, em 1979. Durante os dez anos do conflito, expressivo número de militantes islâmicos, oriundos de vários países árabes, juntaram-se à *jihad* afegã para lutar contra o invasor. Osama Bin Laden, o saudita que fundou a Al-Qaeda, mentor dos atentados aos Estados Unidos em 11 de setembro de 2001, debutou em sua carreira jihadista em solo afegão. Com a retirada soviética, em 1989, grande parte dos jihadistas árabes retornou a seus países de origem. Contudo, um dos principais legados do conflito foi o aparecimento do grupo Talibã, que, poucos anos depois, assumiria o poder no Afeganistão e daria guarida à direção da Al-Qaeda.

A operação militar norte-americana dos Estados Unidos no Afeganistão, em represália aos atentados de 11 de setembro de 2001, provocou a derrubada do regime do Talibã e desestruturou quase completamente a Al-Qaeda. Apesar disso, o Talibã continua ativo no Afeganistão e no vizinho Paquistão. Já a Al-Qaeda serviu como inspiração para a criação de "franquias" jihadistas em países do Oriente Médio e da África do Norte.

O segundo grande impulso do jihadismo derivou de dois eventos separados por quase uma década. A invasão do Iraque pelos Estados Unidos, em 2003, desestabilizou o país. A Primavera Árabe, em 2011, acabou desaguando na guerra civil síria.

A derrubada do regime de Saddam Hussein no Iraque, que se apoiava na minoritária população sunita, transferiu o poder para os xiitas. Os novos governos iraquianos discriminaram a população sunita, abrindo espaço

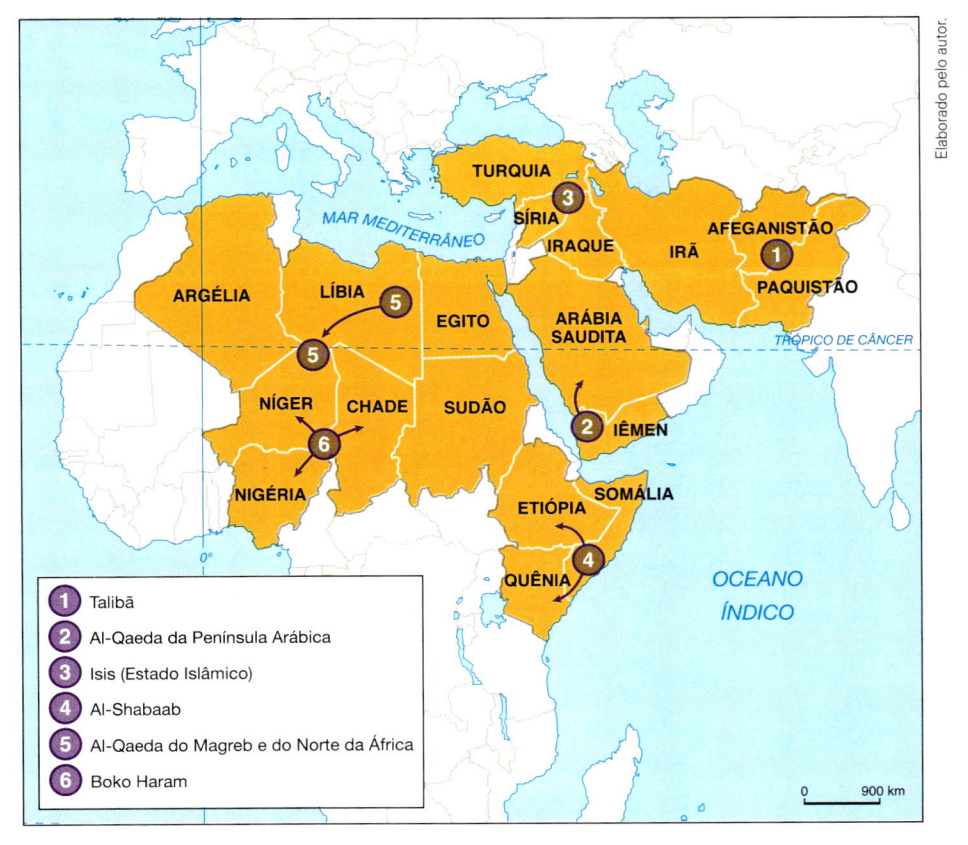

Elaborado pelo autor.

Principais grupos jihadistas.

para a infiltração do jihadismo no país. Sob a liderança do jordaniano Abu Musab Al-Zarqawi, a Al-Qaeda no Iraque engajou-se numa luta em duas frentes: contra as tropas norte-americanas e, também, contra os xiitas, reavivando o antigo conflito entre as duas vertentes principais do Islã. Al-Zarqawi foi morto em 2006. Sua organização só se reestruturou em 2010, adotando o nome de Estado Islâmico no Iraque, sob a liderança de Abu Bakr Al-Baghdadi. Na sequência, com seu envolvimento na guerra síria, o grupo passou a se chamar Estado Islâmico na Síria e Iraque (Isis, na sigla em inglês).

O Isis combinou crenças religiosas extremistas com capacidade militar. Ocupando amplos territórios mais ou menos contínuos junto à fronteira sírio-iraquiana, tomando cidades importantes como Mossul, que é o segundo maior núcleo urbano do Iraque, e estabelecendo uma capital operacional na cidade síria de Raqqa, os jihadistas eliminaram ou escravizaram minorias não muçulmanas (cristãs, yazidis, curdas).

Recrutando combatentes em países árabes e na Europa, o grupo anunciou a criação de um califado islâmico em julho de 2014.

A proclamação do califado foi um evento sem precedentes na história do mundo árabe desde o colapso do Império Otomano, ao final da Primeira Guerra Mundial. O Estado Islâmico, que é ao mesmo tempo nacional e transnacional, criou uma nova entidade geopolítica numa região onde as fronteiras se mantiveram praticamente inalteradas por muitas décadas, ao longo do século XX.

A capacidade do Isis em apelar ao imaginário islâmico expressa a consolidação de uma ideologia jihadista que se desenvolveu nas últimas décadas. Alguns grupos jihadistas, como o Boko Haram da Nigéria, já declararam sua fidelidade ao califado. Al-Baghdadi propaga que o califado é um Estado onde "árabes e não árabes, brancos e negros, orientais e ocidentais são todos irmãos". Seus seguidores declaram que "a Síria não é para os sírios e o Iraque não é para os iraquianos. A terra é de Alá".

A China: desafios econômicos e demográficos

A primeira década do século XXI foi auspiciosa para a economia chinesa. Seis dentre os dez anos do período registraram crescimento do PIB superior a 10%. Já na metade inicial da segunda década, a economia deu claros sinais de desaceleração e as estimativas apontam para um crescimento do PIB de apenas 5% nos próximos anos. Uma nota importante: as estatísticas oficiais chinesas são objeto de polêmica entre os economistas, pois muitos acreditam que os números são artificialmente inflados.

A desaceleração em curso resulta de uma combinação de fatores, com destaque para o enfraquecimento financeiro dos países ocidentais por conta da crise econômica global deflagrada em 2008. Os governantes chineses perceberam que a demasiada dependência dos mercados ocidentais gera grandes riscos, optando

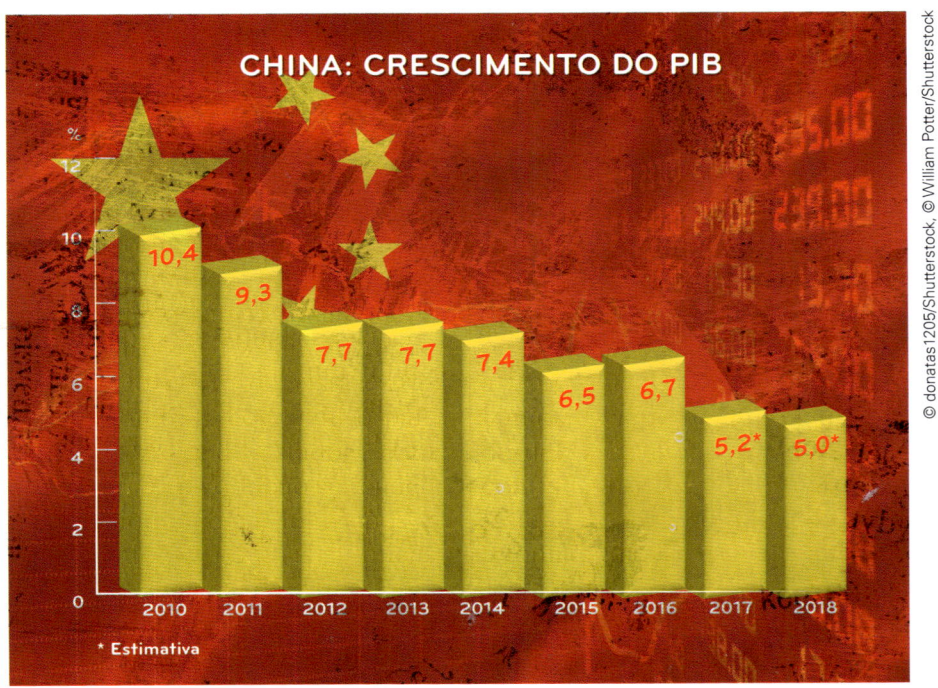

Fonte: Revista *Conjuntura Econômica*, outubro de 2015.

© donatas1205/Shutterstock, © William Potter/Shutterstock

por um giro de política econômica na direção do mercado interno.

Contudo, essa reviravolta responde, principalmente, ao peso de aspectos estruturais da evolução socioeconômica interna do país. A expansão "para fora", baseada na exportação de manufaturados, atingiu seu limite, em função do aumento dos custos de produção, notadamente dos custos do trabalho, na própria China. Foi nesse contexto que os dirigentes chineses resolveram redefinir o modelo econômico, orientando-o progressivamente ao consumo interno.

Para a implantação da nova matriz econômica, os líderes chineses terão que equacionar inúmeros problemas políticos e sociais. O primeiro aspecto a se levar em conta diz respeito ao crescimento absoluto da população. O efetivo demográfico do país, atualmente, é de 1,375 bilhão. O pico populacional (1,42 bilhão) deve ser atingido entre 2028 e 2030. Potencialmente, é um imenso mercado interno que se encaminha para níveis mais elevados de consumo.

A China abriga, hoje, cerca de 18% da população mundial.

Fonte: NBS e Chang, Chen, Wagooner E ZHA (2015).

Seu contingente demográfico já era enorme em 1949, quando do triunfo da Revolução Chinesa. Nas décadas seguintes, a população cresceu de forma exponencial, graças aos estímulos dos governantes, que enxergavam no incremento demográfico um caminho para a realização de uma vocação de potência geopolítica.

A linha política mudou bruscamente por volta de 1980, quando a população aproximava-se da marca de um bilhão de habitantes. Então, os sucessores do líder comunista Mao Tsé-tung decidiram adotar um rígido sistema de controle da natalidade, destinado a conter a ameaça da explosão demográfica. Sem essa política, é provável que o contingente demográfico estivesse hoje em torno de 1,6 bilhão de habitantes.

A política oficial do filho único foi imposta por um regime totalitário, à base de leis draconianas. Essencialmente, impuseram-se severas penalidades econômicas aos transgressores, além de facilidades para a realização de abortos, que podiam ser feitos a custos baixos. A estratégia obteve êxito nas áreas urbanas, mas encontrou resistência nas áreas rurais — onde, até 2010, ainda vivia mais da metade dos chineses. A taxa anual de crescimento vegetativo despencou de 2,4%, em 1970, para menos de 1%, atualmente. Nenhum país do mundo conheceu retração tão rápida e abrupta no ritmo de incremento de sua população.

A política antinatalista provocou acelerado envelhecimento demográfico e carência de mão de obra em importantes regiões do país. Em 2015, finalmente, a política demográfica foi alterada com a abolição da regra do filho único. No lugar dela, a fim de amenizar o impacto do envelhecimento demográfico, permitiu-se aos casais ter dois filhos. Ninguém sabe se a reorientação surtirá efeitos, pois inexiste precedente na história de reativação de dinâmicas demográficas superadas.

A política do filho único gerou consequências duradouras. Junto com a diminuição das taxas de natalidade, registrou-se aumento da expectativa de vida. A equação resultou no rápido crescimento da participação de idosos. Os chineses com mais de 65 anos já representam cerca de 10% da população total — e essa participação duplicará nos próximos 20 anos. No único país do mundo que fica velho antes de ficar rico, o governo enfrenta o desafio de criar uma rede pública de seguridade social destinada a amparar uma numerosíssima população idosa que deixa o mercado de trabalho.

A política antinatalista trouxe outros efeitos colaterais, especialmente ligados à composição sexual da população. A "predileção" por filhos do sexo masculino, típica de populações camponesas, manifestou-se pela interrupção legal mais intensa da gravidez de crianças do sexo feminino. Além disso, por toda a China, ao longo de décadas, verificaram-se fenômenos numerosos de infanticídio. O resultado é um desequilíbrio de dezenas de milhões de homens a mais na composição sexual da população. O sequestro e venda de mulheres para camponeses em busca de esposas é uma dramática realidade em certas regiões da China e, também, de alguns países vizinhos.

Um desafio de igual magnitude encontra-se na dinâmica das migrações internas. Atualmente, a taxa de urbanização gira em torno de 55% da população total, isto é, mais de 750 milhões de pessoas. Trata-se, em números absolutos, de cifra superior à soma das populações totais dos Estados Unidos e do Brasil. Daqui a vinte anos, a população urbana chinesa estará próxima da marca de um bilhão. Até 2025, o país terá cerca de 200 cidades com mais de um milhão de habitantes (no Brasil, são apenas 17).

Nos primórdios do regime comunista, as autoridades criaram o sistema do *hukou*, que classificava os cidadãos em habitan-

Fonte: Anuário Estatístico da China, 2013.

© donatas1205/Shutterstock

tes do meio rural ou das cidades e restringia o direito à migração para os centros urbanos. Nas três últimas décadas, o crescimento econômico e os salários mais altos oferecidos aos trabalhadores urbanos incentivaram um intenso êxodo rural. Os migrantes, fundamentalmente do sexo masculino, instalavam-se em dormitórios das empresas contratantes, mas não tinham direito de transferir seus familiares para as cidades.

Hoje, a fim de incrementar o consumo interno e reduzir as tensões sociais, discute-se a abolição do sistema do *hukou*. Como muitas das metrópoles costeiras aproximam-se de limites físicos e ecológicos de crescimento, as autoridades criaram um sistema de incentivos para que cidades de porte médio se preparem para receber a nova onda de migrantes.

Nas grandes cidades, configura-se uma classe média com renda suficiente para dinamizar o comércio de roupas, eletrônicos, automóveis e viagens. A China já se tornou o maior mercado de automóveis do mundo e dezenas de milhões de chineses viajam ao exterior. Na próxima década, o movimento de urbanização adicionará ao mercado de consumo dezenas de milhões de migrantes que deixam o meio rural. Não há outro caminho para o desenvolvimento chinês. Contudo, a elevação dos níveis de consumo do "planeta chinês" têm impactos dramáticos sobre os recursos naturais do planeta Terra.

Reviravoltas latino- -americanas

Desde o final da Segunda Guerra Mundial, os países de maior relevância da América Latina passaram por uma série de ciclos políticos marcados ora por governos mais ou menos democráticos, ora por regimes ditatoriais, comandados por militares ou por civis a eles associados. Do ponto de vista econômico também ocorreram ciclos distintos, por vezes com maior intervenção estatal, sucedidos por outros de caráter liberal regidos pelas regras de mercado.

Entre a década de 1960 e o início da década de 1980, um grande número de países da região viveu sob regimes ditatoriais. A volta da democracia veio seguida por uma grave crise econômica, especialmente nos anos 1980, época que passou a ser denominada "década perdida".

Ao longo da década de 1990, na tentativa de superar a crise econômica, os governos dos principais países da América Latina tiveram que se submeter aos ditames de órgãos financeiros internacionais, como o Fundo Monetário Internacional (FMI), cujas regras faziam parte daquilo que se passou a denominar reformas neoliberais. Essas reformas exigiam que os governos só gastassem aquilo que arrecadassem (superávit primário), o câmbio das moedas nacionais deveria flutuar em relação ao dólar e haveria um grande estímulo para a privatização das empresas estatais.

O colapso do bloco soviético contribuiu para a consolidação na América Latina de uma "nova esquerda", que se opunha ao modelo revolucionário de conquista do poder pela luta armada e a instalação de um regime de partido único. Na virada do século XX para o XXI, partidos e políticos de diversas colorações chegaram ao poder, democraticamente, na Venezuela, Brasil, Argentina, Bolívia e Equador. Essas vitórias marcaram o esgotamento do ciclo liberal da década de 1990, que havia substituído o ciclo das ditaduras militares e refletiu o processo de globalização econômica. Essa "esquerda rosa", e não "vermelha", no dizer do escritor mexicano Jorge Castañeda, aceitava as regras do jogo democrático, mas tinha pela frente um trunfo e um desafio.

O trunfo era que uma possível chegada ao poder de partidos progressistas na região deixaria de ser considerada uma ameaça aos interesses de Washington — algo que, no passado, servira de pretexto para inúmeros golpes militares. O desafio era que, sem o fantasma do "imperialismo ianque", os eventuais governos de esquerda não teriam mais desculpas por possíveis fracassos. Eles passariam a ser avaliados pela capacidade de reduzir a pobreza e as desigualdades sem colocar contra si a classe média e o conjunto das classes dominantes.

Em cerca de uma década, os governos de Hugo Chávez (Venezuela), Lula da Silva (Brasil), Néstor e Cristina Kirchner (Argentina), Evo Morales (Bolívia) e Rafael Correa (Equador) reverteram políticas pró-mercado, aumentando a participação do Estado na economia e adotando medidas de inclusão social. Impulsionados por um ciclo econômico global favorável, os países latino-americanos experimentaram anos de euforia, com expansão do PIB e da renda familiar, queda do desemprego e redução da desigualdade social.

Foi o que aconteceu. Tendo governado países como Brasil, Argentina, Venezuela, Bolívia, Equador e Nicarágua, essa "nova esquerda" hoje se esgotou e está em vias de perder o poder na região. Não deixa de ser uma ironia o fato de que o declínio tenha coincidido com a visita do presidente Barack Obama a Cuba. Foi a primeira visita de um man-

datário americano à ilha desde 1928. Guardadas as devidas proporções, a mão estendida de Tio Sam a Havana priva o castrismo da justificativa para a manutenção da ditadura de partido único, do mesmo modo como o fim da Guerra Fria retirou da esquerda latino-americana o argumento em favor da revolução.

O sucesso das políticas distributivistas levou a popularidade desses líderes à estratosfera, garantindo-lhes contínuas reeleições. Alguns, como Chávez, Morales, Kirchner e Correa, mais afeitos ao populismo autoritário, governaram ou têm governado em confronto com uma parte expressiva da sociedade: os empresários, a classe média e a grande mídia. Eles se apoiaram nos setores mais pobres, amplamente majoritários e beneficiados pelas políticas sociais. O ex-presidente Lula adotou uma política de compromisso com o grande capital e grupos políticos conservadores, afastando-se do "bolivarianismo".

Mas a crise global não poupou ninguém, embora de forma diferente. Desde 2013, surgiram sinais do esgotamento dos modelos adotados, como as grandes manifestações ocorridas em várias cidades do Brasil. Em 2014, um relatório da Comissão Econômica para a América Latina e Caribe (Cepal) revelou que a América Latina registrara a menor taxa de crescimento em cinco anos. O agravamento da crise, escândalos de corrupção e a inabilidade política fizeram o apoio popular a esses governos se esfarelar.

Na Argentina, o oposicionista Mauricio Macri, de centro-direita, foi eleito presidente em novembro de 2015, pondo fim a 13 anos de kirchnerismo. No Brasil, Dilma Rousseff, a sucessora de Lula, reeleita a duras penas em 2014, acabou sofrendo um processo de *impeachment* em razão do envolvimento de pessoas importantes de seu governo e de seu partido no escândalo da Petrobras. Sem apoio político, ela amargou os maiores índices de rejeição da história e teve que assistir a grandes mobilizações nas ruas contra o governo, em meio à pior recessão do país desde os anos 1930.

Na Venezuela, em confronto permanente desde a ascensão de Chávez ao poder, em 1999, as oposições conquistaram, pela primeira vez, a maioria das cadeiras da Assembleia Nacional, abrindo caminho para um eventual afastamento do presidente Nicolás Maduro. E mesmo na Bolívia, que está em melhores condições do que seus vizinhos, o presidente Evo Morales, no poder há mais de uma década, foi derrotado em referendo sobre a possibilidade de concorrer a um quarto mandato.

A bonança econômica da primeira década do século XXI deveu-se fundamentalmente à expressiva demanda da China, que manteve os preços das *commodities* em alta – notadamente petróleo, ferro e soja. Com isso, os governos da "nova esquerda" aprofundaram a "reprimarização" de suas economias. Com a crise obrigando a China a voltar-se para o seu mercado interno, a demanda por *commodities* diminuiu de forma significativa.

O ciclo de governos de esquerda foi caracterizado por excessiva intervenção estatal na economia, desestimulando investimentos produtivos privados. Além disso, a ascensão social das camadas mais pobres criou novas e crescentes necessidades, cujo atendimento se tornou inviável num cenário de recessão. Correntes políticas mais à esquerda criticam a estratégia dos governos "progressistas" de promover a inclusão social apenas pela via do consumo, evitando "politizar as massas", o que teria criado condições para que grupos conservadores reconquistassem espaços e chegassem ao poder.

Como se viu, este não foi o primeiro nem será o último ciclo pelo qual passará a América Latina.

Aquecimento global acirra disputas no Ártico

No início de agosto de 2007, uma expedição científica russa completou uma missão histórica carregada de significados políticos: depositou uma bandeira da Rússia no fundo do Oceano Ártico, num gesto destinado a fortalecer as reivindicações do país sobre áreas dessa região do mundo. A equipe russa chegou à latitude de 86° norte, bem próximo do polo geográfico, abriu um buraco na superfície gelada do Oceano Ártico, por onde entraram dois pequenos submarinos tripulados que desceram a mais de 4,2 mil metros de profundidade, colheram material de pesquisa e depositaram a bandeira do país no fundo oceânico.

Com o material recolhido a expedição pretende provar que a cordilheira submarina Lomonosov faz parte da plataforma continental da Sibéria. De acordo com Moscou, essas evidências científicas seriam suficientes para provar que a soberania sobre a área, hoje compartilhada com outros países da Bacia do Ártico, deve ser entregue exclusivamente à Rússia.

O Ártico designa o conjunto geográfico formado pela zona polar do hemisfério norte e o Oceano Glacial situado entre a América do Norte e a massa continental euro-asiática. O Oceano Glacial Ártico recobre uma superfície de 12 milhões de quilômetros quadrados que se comunica com o Pacífico através do estreito de Bering (Passagem Noroeste), com o Atlântico pela estreita Baía de Baffin, mas também por uma passagem mais ampla entre a Groenlândia, o noroeste da Rússia e a Península Escandinava (Passagem Nordeste). As geladas águas do Oceano Ártico banham os litorais de cinco países: Rússia, Groenlândia (território de soberania dinamarquesa), Canadá, Estados Unidos (por conta do Alasca) e Noruega.

Durante muito tempo o Ártico foi uma área marginal do mundo, que nem era mostrada nos mapas elaborados na tradicional projeção de Mercator. Somente no século XX, por meio dos avanços tecnológicos (aviões, navios quebra-gelo e submarinos) e, principalmente, do antagonismo soviético-americano da Guerra Fria é que a importância estratégica da região ficou evidenciada. Há pelo menos duas dezenas de bases militares russas e americanas no Ártico e em suas circunvizinhanças.

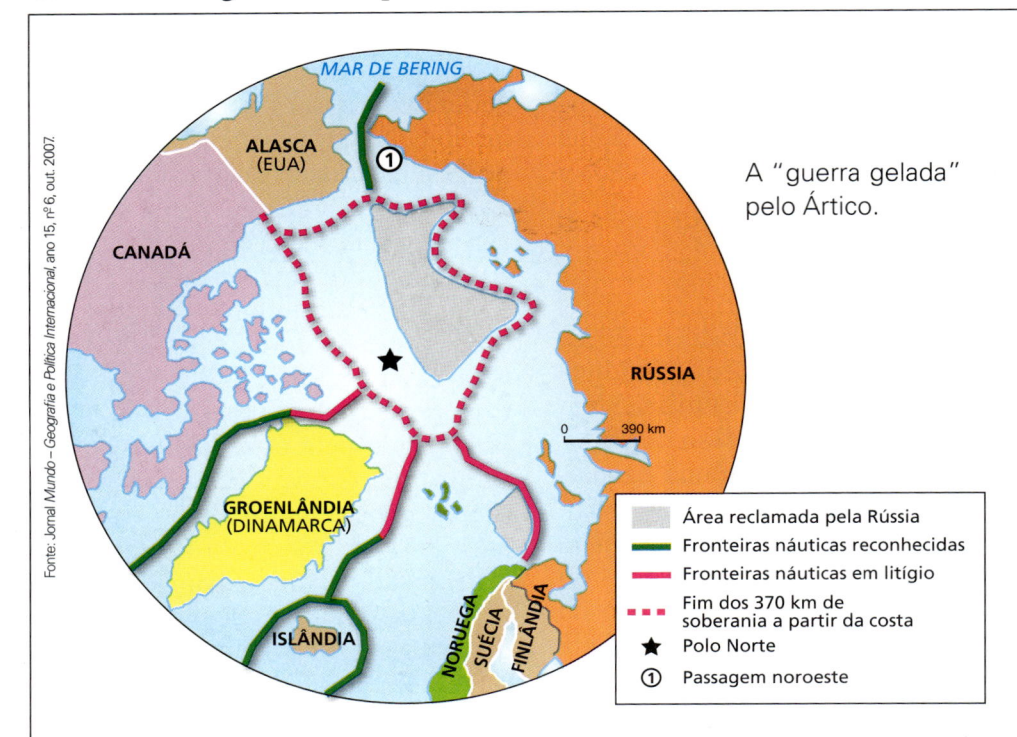

Fonte: Jornal Mundo – Geografia e Política Internacional, ano 15, nº 6, out. 2007.

A "guerra gelada" pelo Ártico.

Legenda do mapa:

MAR DE BERING

ALASCA (EUA)

① (Passagem noroeste)

CANADÁ

RÚSSIA

0 — 390 km

GROENLÂNDIA (DINAMARCA)

NORUEGA

SUÉCIA

FINLÂNDIA

ISLÂNDIA

- Área reclamada pela Rússia
- Fronteiras náuticas reconhecidas
- Fronteiras náuticas em litígio
- Fim dos 370 km de soberania a partir da costa
- ★ Polo Norte
- ① Passagem noroeste

Até recentemente, grandes extensões do Ártico não eram navegáveis. Sua superfície permanentemente congelada era apenas "cortada", de forma esporádica, por navios quebra-gelo soviéticos e, depois, russos. Somente algumas regiões marítimas costeiras eram de utilização mais frequente, como a passagem Nordeste (regularmente usada pelos russos) e a Noroeste (de forma eventual por americanos e canadenses).

O aquecimento global do planeta, possivelmente decorrente do aumento das emissões de gases de efeito estufa, está mudando o panorama físico e geopolítico do Ártico. O gradativo derretimento da calota gelada ártica gera consequências dramáticas, como a possível extinção de espécies da fauna, entre as quais o urso-polar. Segundo uma teoria recentemente contestada, o fenômeno também poderia afetar a Corrente do Golfo, que funciona como uma espécie de regulador térmico das áreas norte-ocidentais da Europa. Além disso, o modo de vida tradicional dos *inuits* (esquimós) será colocado em perigo e inúmeras edificações erigidas nas fraldas árticas da América do Norte e Eurásia (como estradas, bases militares e aeroportos), sobre o solo permanentemente gelado, correm o risco de desabamento.

O derretimento do gelo ártico já faz com que a Passagem Noroeste apresente cada vez mais dias propícios à navegação regular. Alguns cientistas profetizam que o Oceano Ártico estará totalmente livre do gelo até 2040. Bem antes disso, o uso quase permanente do oceano boreal para a navegação permitiria encurtar em um terço a distância que separa a Ásia da Europa, com óbvios ganhos para o comércio internacional e novas perspectivas geopolíticas e militares. Hoje, usando-se o Canal do Panamá, a distância entre Europa e Ásia oriental é de aproximadamente 23,3 mil quilômetros. A rota ártica reduziria o percurso para aproximadamente 14,6 mil quilômetros, o que significa uma economia de quase uma semana de navegação.

Os dividendos econômicos da abertura do Ártico não se circunscrevem à navegação. Especialistas estimam que mais ou menos 25% das reservas ainda não conhecidas de petróleo estejam nas profundezas geladas do Ártico. É provável que existam outros importantes recursos minerais, que se somariam ao surgimento de novas zonas pesqueiras para a captura de espécies valiosas. Até poucos anos atrás, as pesquisas dos recursos da região eram muito caras e as disputas referentes à soberania das águas congeladas pouco significavam. Contudo, o lento mas contínuo derretimento da calota polar reflete-se na definição de interesses políticos e empresariais e no acirramento das disputas.

A Convenção das Nações Unidas sobre o Direito do Mar, de 1982, garantiu aos Estados costeiros a exploração econômica exclusiva numa faixa de 200 milhas marítimas, ou cerca de 370 quilômetros. Em certos casos, abriu a possibilidade de alguns países reivindicarem uma Zona Econômica Exclusiva ainda mais larga, recobrindo toda a plataforma continental.

As disputas sobre o Ártico apresentam significativa complexidade. Os Estados Unidos ainda não ratificaram a Convenção sobre o Direito do Mar. Além da reivindicação da Rússia, Estados Unidos e Canadá mantêm polêmicas não resolvidas a respeito dos direitos sobre a Passagem Noroeste. Noruega e Rússia disputam a soberania sobre espaços marítimos no Mar de Barents, Canadá e Dinamarca disputam uma pequena ilha próxima da Groenlândia. O parlamento russo não ratificou um acordo com os Estados Unidos sobre o Mar de Bering. Será que, depois da Guerra Fria, teremos uma "Guerra Gelada"?

Geopolítica da Oceania

Portugueses e espanhóis foram os pioneiros a aportar em terras da Oceania nos primeiros anos do século XVI. Os primeiros chegaram pela porção leste, e os segundos, pelo oeste e em seguida partilharam a posse de amplas áreas do Pacífico entre si. Muitas dessas possessões ibéricas foram sistematicamente atacadas por corsários e piratas holandeses e ingleses, reduzindo gradativamente a influência de portugueses e espanhóis sobre a área nos séculos seguintes.

A implantação britânica na Oceania se verificou ao longo do século XIX, especialmente a partir do fim das guerras napoleônicas, ao mesmo tempo que a França fixou a sua presença notadamente na Polinésia. Na segunda metade do século XIX, a competição imperialista na região se acirrou com o crescimento da influência do Japão, da Alemanha e dos Estados Unidos reivindicando o controle sobre arquipélagos e ilhas.

A história mais recente da Oceania pode ser caracterizada por uma série de retiradas sucessivas de potências imperialistas que ali tinham interesses.

Assim, a Espanha perdeu seus últimos remanescentes coloniais em 1898, logo após sua derrota para os Estados Unidos durante a guerra hispano-americana. A Alemanha, que havia conseguido expressivas conquistas na região após 1880, perdeu todas as suas possessões coloniais após ter sido derrotada na Primeira Guerra Mundial (1914-1919). Essas possessões acabaram sendo apropriadas por Japão, Grã-Bretanha, Austrália e Nova Zelândia. Em 1945 foi o Japão que viu desaparecer seu império oceânico em função de sua derrota para os Estados Unidos e aliados ao final da Segunda Guerra Mundial.

A vitória americana tornou os Estados Unidos a potência hegemônica do Pacífico, fato que se cristalizou quando a marinha do país instalou uma densa rede de bases militares não só nos arquipélagos conquistados no final do século XIX como também nas ilhas tomadas aos japoneses em 1945. O ponto estratégico mais importante do dispositivo de segurança dos Estados Unidos no Pacífico foi e continua sendo o Havaí, onde está situada a principal base do país na região. Durante a Guerra Fria a marinha americana reinou de forma inconteste nas águas da Oceania.

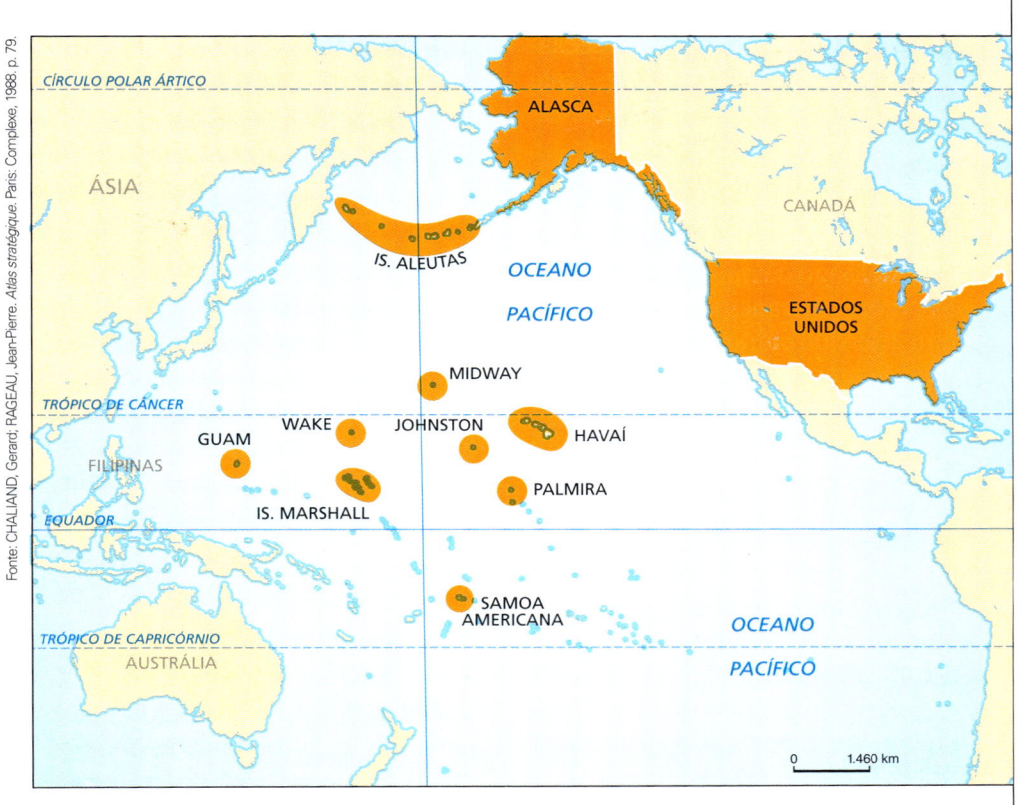

Fonte: CHALIAND, Gerard; RAGEAU, Jean-Pierre. *Atlas stratégique*. Paris: Complexe, 1988. p. 79.

A presença dos Estados Unidos na Oceania durante a Guerra Fria.

Fora o domínio quase absoluto dos Estados Unidos, vale destacar as posições mantidas ainda hoje pela França na região. Uma delas é o arquipélago da Nova Caledônia, onde os nativos locais, conhecidos como canacas, tentam há décadas conquistar sua independência. A outra é a região da Polinésia Francesa, mais especificamente o atol de Mururoa, onde os franceses realizaram experiências atômicas, fato que causou grande repúdio por parte da comunidade internacional.

O fim da Guerra Fria reduziu o valor estratégico dos microestados e dependências coloniais e semicoloniais da região, apesar do expressivo crescimento econômico registrado nas últimas décadas na região da Bacia do Pacífico. Para alguns países insulares da Oceania o problema maior é o aquecimento global, que, ao acelerar o derretimento de parte das calotas polares, promove o aumento do nível dos oceanos, podendo levar ao desaparecimento de alguns deles, que ficariam totalmente submersos.

A Austrália e suas visões estratégicas

Ao longo de mais de um século, as percepções australianas sobre as ameaças que pairavam sobre o país modificaram-se bastante. Assim, de 1890 a 1914, as preocupações geopolíticas da Austrália estavam ligadas à expansão naval alemã e o império colonial que os germânicos estavam construindo ao norte da Austrália. Sob certos aspectos foi essa ameaça que acelerou a formação, em 1901, da Comunidade dos Estados Australianos.

Após o final da Primeira Guerra, a ameaça maior passou a ser o Japão e sua política imperialista que já vinha sendo desenvolvida desde a segunda metade do século XIX, mas que acelerou no período entre guerras. Durante a Segunda Guerra, os japoneses se aproximaram perigosamente da Austrália, chegando a ocupar a vizinha ilha da Nova Guiné e a efetuar alguns ataques aéreos no norte do território australiano. A derrota nipônica em 1945 fez essa ameaça desaparecer.

Com o advento da Guerra Fria, a nova ameaça passou a ser a progressiva expansão de regimes comunistas em vários países asiáticos, como na China, Coreia do Norte e no antigo Vietnã do Norte. Em face dessa ameaça, a Austrália, que em outras épocas sempre esteve aliada à Grã-Bretanha, alargou essa aliança, incorporando-se aos esquemas político-militares comandados pelos Estados Unidos. É dentro desse contexto que se deve entender a participação da Austrália, juntamente com a Nova Zelândia, no pacto ANZUS (iniciais em inglês para Austrália, Nova Zelândia e Estados Unidos), que entrou em vigor no início dos anos 1950 e em que os Estados Unidos substituíram os britânicos como potência tutelar no Pacífico Sul. Durante as décadas de 1960 e 1970, de forma até certo ponto surpreendente, a Austrália apoiou a intervenção norte-americana no Vietnã.

Na atualidade, a Austrália tem reavaliado seu papel no contexto regional especialmente em função do estreitamento dos laços econômicos com os países do leste e sudeste asiático, abrindo uma nova perspectiva em suas relações internacionais.

Uma visão cartográfica da Guerra do Vietnã

Em 30 de abril de 1975, um tanque do exército do Vietnã do Norte derrubava os portões do palácio presidencial da República do Vietnã do Sul, localizado na capital Saigon. Este passou a ser considerado o ato final do conflito que é tido por muitos como o mais importante da Guerra Fria.

Essa relevância é explicada por uma combinação de fatores, dentre os quais a sua longa duração (15 anos), pelo envolvimento direto e derrota dos Estados Unidos, pelo enorme número de vítimas (cerca de 1,5 milhão de vietnamitas e mais de 58 mil norte-americanos) e por ter marcado de forma indelével os jovens das décadas de 1960 e 1970.

A atual República Socialista do Vietnã (RSV) situa-se na região conhecida como Sudeste Asiático, que compreende 11 países – continentais, peninsulares e insulares – que abrigam civilizações hidráulicas milenares e se situam culturalmente na confluência dos mundos chinês, hindu e malaio. A RSV localiza-se na Península da Indochina, onde também se en-

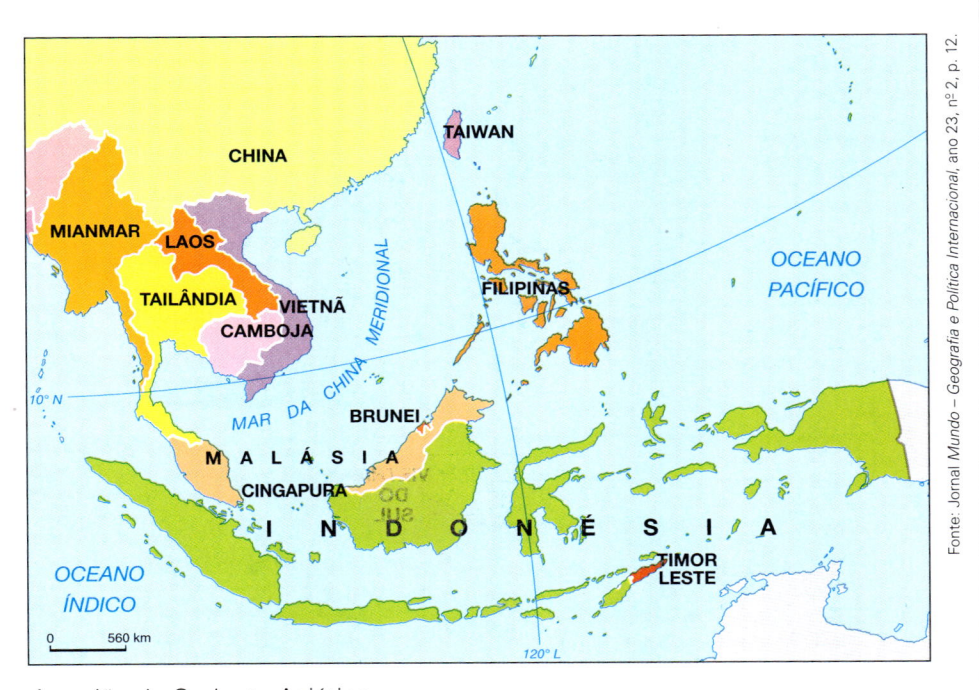

A região do Sudeste Asiático.

Fonte: Jornal Mundo – Geografia e Política Internacional, ano 23, nº 2, p. 12.

contram o Laos e o Camboja. Os países do Sudeste Asiático foram objeto da exploração colonial europeia a partir do século XIX. Por exemplo, a Holanda ocupou a Indonésia; os britânicos, a Malásia; a Espanha e depois os Estados Unidos ocuparam as Filipinas; e os franceses ficaram com a Indochina. Entre 1940 e 1942, todos os países da região caíram sob o domínio do Japão, que só se retirou após sua derrota em 1945.

A França se estabeleceu como potência colonial na Indochina entre 1862 e 1893. Em 1941, quando a colônia já estava sob ocupação do Japão, surgiu um movimento de resistência dos vietnamitas, o vietminh. Com a derrota dos nipônicos, a França retomou o domínio sobre a colônia, mas teve que enfrentar os vietminhs, que agora defendiam a independência do Vietnã. O conflito se estendeu de 1946 a 1954.

Após a derrota francesa na batalha de Dien Bien Phu, as negociações em Genebra (Suíça) se definiram pela divisão do Vietnã em dois países separados pelo paralelo 17° N: o Vietnã do Norte, comunista, alinhado com a União Soviética e a China, e o Vietnã do Sul, capitalista, aliado aos Estados Unidos. Esta é considerada a primeira guerra da Indochina que é indissociável da que ocorreria

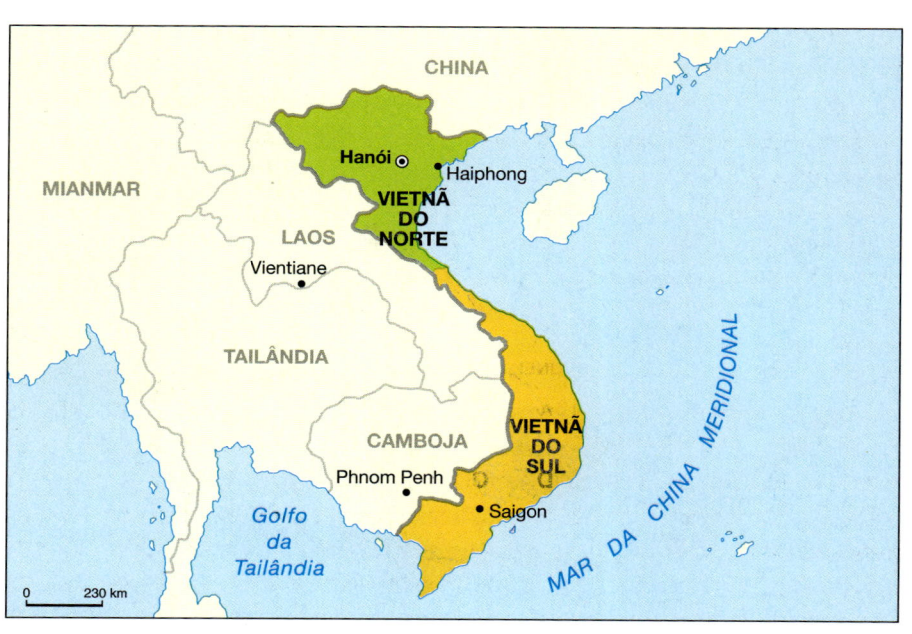

Fonte: Jornal Mundo – Geografia e Política Internacional, ano 23, nº 2, p. 12.

O Vietnã após os acordos de Genebra (1954).

anos depois e se caracterizou por ser uma luta pela independência nacional do Vietnã.

Entre 1954 e 1960, o Vietnã do Sul viveu um período de grande turbulência política, já que muitos vietnamitas não aceitavam as decisões negociadas em Genebra. Era o ensaio para o novo conflito que viria. A segunda guerra da Indochina, ou Guerra do Vietnã propriamente dita, se estendeu de 1960 a 1975 e teve de um lado os guerrilheiros comunistas sul vietnamitas, os vietcongs, auxiliados diretamente pelo Vietnã do Norte, e de outro forças do governo do Vietnã do Sul apoiadas pelos Estados Unidos. Os objetivos dos vietcongs eram reunificar territorialmente o Vietnã e mudar a natureza do regime capitalista implantado no Vietnã do Sul.

As alegações para o envolvimento dos Estados Unidos foram explicitadas em 1961, num discurso proferido no Vietnã do Sul pelo então presidente Lyndon Johnson: "A decisão básica com relação ao futuro do Sudeste Asiático será tomada aqui. Devemos decidir entre ajudar esses países da melhor maneira que pudermos ou desistir de vez, retirando nossas defesas para San Francisco e nos resignando a transformar nosso país numa fortaleza". Estavam aí expressas as ideias da "teoria do dominó":

se um país, numa região, caísse sob o controle comunista, mais cedo ou mais tarde seus vizinhos também cairiam.

Nos primeiros seis anos do conflito, os vietcongs conseguiram obter o controle sobre amplas áreas do Vietnã do Sul, mas o envolvimento e a escalada da participação das forças dos Estados Unidos reverteram a situação. Em janeiro de 1968, quando parecia iminente a derrota dos vietcongs, ocorreu a Ofensiva do Tet (feriado do ano lunar chinês). Nessa ofensiva, o exército do Vietnã do Norte atacou as províncias setentrionais do Vietnã do Sul, enquanto os vietcongs se incumbiram de investir sobre todas as cidades e centros administrativos. Apesar da surpresa inicial, a ofensiva foi militarmente um fracasso. Todavia, ela abalou a convicção dos Estados Unidos em vencer o conflito. O ano de 1968 foi aquele que registrou o maior número de mortos e de feridos norte-americanos em toda a guerra.

O grande aumento do número de baixas, os bombardeios indiscriminados sobre alvos não militares e a descoberta de massacres perpetrados por soldados norte-americanos causaram revolta em todo o mundo e abalaram a imagem do país perante a comunidade internacional, como também causaram grande divisão interna

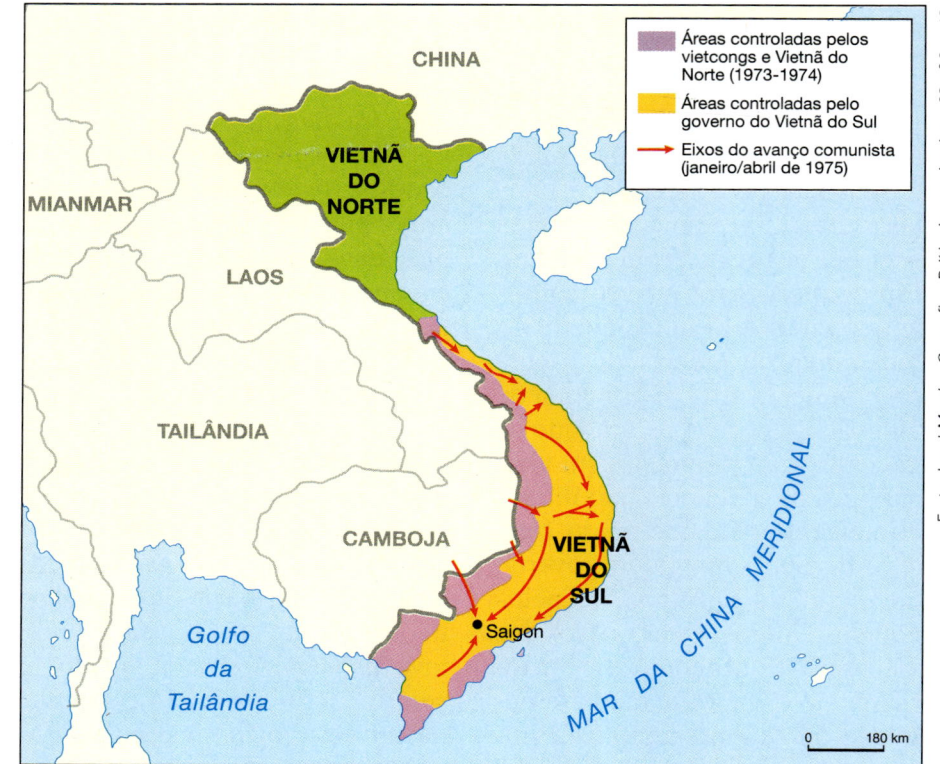

Áreas controladas pelos vietcongs e Vietnã do Norte (1973-1974)

Áreas controladas pelo governo do Vietnã do Sul

Eixos do avanço comunista (janeiro/abril de 1975)

CHINA

VIETNÃ DO NORTE

MIANMAR

LAOS

TAILÂNDIA

CAMBOJA

VIETNÃ DO SUL

Saigon

Golfo da Tailândia

MAR DA CHINA MERIDIONAL

0   180 km

Fonte: Jornal *Mundo – Geografia e Política Internacional*, ano 23, nº 2, p. 12.

O Vietnã do Sul entre 1973 e 1975.

entre os que apoiavam e os que contestavam o envolvimento no conflito. Nunca, desde a Guerra da Secessão (1861-1865), os Estados Unidos tinham estado tão divididos.

Aos poucos os Estados Unidos foram se desengajando militarmente, "vietnamizando" o conflito, o que contribuiu para o colapso do enfraquecido e corrupto governo do Vietnã do Sul. Entre janeiro e abril de 1975 o país foi tomado pelas forças comunistas. Desde então não existem dois Vietnãs, mas apenas a República Socialista do Vietnã (RSV), já que o país foi unificado em 1976, com capital em Hanói (capital do antigo Vietnã do Norte), enquanto a ex-capital do Vietnã do Sul foi rebatizada de Ho Chi Min, em homenagem ao líder comunista vietnamita que liderou o país no conflito.

Em 1995, vinte anos após o término do conflito, os Estados Unidos e a RSV estabeleceram relações diplomáticas.

O Vietnã na atualidade.

Fonte: Jornal Mundo – Geografia e Política Internacional, ano 23, nº 2, p. 12.

O "oceano" russo e seus "arquipélagos"

Não é possível entender a Federação Russa atual sem levar em conta que ela é a principal herdeira de um espólio de dois antigos Estados, o Império Russo e a União Soviética (URSS). O primeiro existiu por mais de 600 anos – do século XIII a 1917 – e o segundo, que surgiu após o desaparecimento do primeiro, por mais de 70 anos ao longo do século XX. A Rússia atual traz no seu DNA as marcas genéticas – geográficas, históricas, geopolíticas e culturais – dos dois Estados que historicamente a precederam.

Quando a URSS se desintegrou no final de 1991, deu origem a 15 novos países, sendo a Rússia atual aquele que abrangeu cerca de 3/4 do território e aproximadamente metade da população do país que desapareceu. Esse contingente demográfico apresentava um alto grau de homogeneidade étnica, já que pouco mais de 80% dele se identificava como russófono. A Rússia também herdou toda a estrutura político-administrativa da URSS, com todas as suas mazelas.

Boris Iéltsin, o primeiro presidente da Rússia pós-soviética, enfrentou logo de início uma caótica e dolorosa transição de uma economia estatizada para uma economia de mercado e também se defrontou com a possibilidade de o país se balcanizar em vários pequenos Estados, especialmente naqueles territórios em que os russos étnicos não eram majoritários. O exemplo mais emblemático dessa situação ocorreu na Chechênia.

Em 1993, tentando evitar uma eventual "sangria" territorial do país, Iéltsin fez aprovar uma Constituição que definiu a Rússia como um Estado federal formado por um conjunto complexo de entidades administrativas que receberam diferentes denominações: 21 repúblicas autônomas, sete territórios, 48 regiões, duas cidades de importância federal (Moscou e São Petersburgo), uma região autônoma e sete distritos autônomos.

Em 2000, quando Iéltsin já havia sido substituído por Wladimir Putin como primeiro mandatário do país, a Federação foi dividida em sete distritos federais, divisão essa que se sobrepôs à antiga, sem eliminá-la. Em 2010 uma nova reestruturação ampliou o número de entidades administrativas para 83. Também foi criado um oitavo distrito federal denominado Norte do Cáucaso, que resultou da cisão do antigo distrito federal do Sul.

A Federação Russa e suas vizinhanças.

Em linhas gerais, em todo esse período um grande embate ocorreu e, de certa forma, ocorre ainda hoje, é entre as pressões de maior centralização do poder por parte de Moscou e aquelas cujo caráter é notoriamente ligado à obtenção de maior poder de decisão por parte das entidades administrativas regionais e locais.

Independentemente desse aspecto, vale ressaltar que uma parte considerável do espaço nacional russo é quase totalmente despovoado por conta especialmente das condições naturais decorrentes da localização do país, o que pode ser comprovado pelo fato de que a densidade demográfica do país é de apenas 8,3 habitantes por quilômetro quadrado.

Numa análise regional geoeconômica pode-se imaginar a Federação Russa como uma série de "arquipélagos" que se distribuem em meio a um vasto oceano com enormes contrastes em sua imensidão.

Um desses "arquipélagos" é o metropolitano, que possui como um de seus aspectos centrais os recursos humanos mais dinâmicos e competentes e produz cada vez mais parte crescente da riqueza nacional. Moscou, a capital, é o melhor exemplo e, embora concentre apenas 7,5% da população, gera cerca de 1/4 do PIB do país.

O outro "arquipélago" metropolitano quase tão importante quanto Moscou é o de São Petersburgo. No extremo oposto, dois distritos federais, o da Sibéria e o do Extremo Oriente, abrangem 62% do território, abrigam pouco mais de 18% da população e são responsáveis por mirrados 16% do PIB nacional.

Excetuando-se os "arquipélagos" metropolitanos citados, existem ainda algumas "ilhas" de prosperidade. A primeira delas corresponde às áreas beneficiadas pela exploração de recursos naturais, especialmente energéticos, de gás e petróleo. Essas áreas são constituídas por cidades com forte expansão demográfica e apresentam níveis de renda que estão entre os mais elevados do país.

Esses verdadeiros enclaves localizados no coração da taiga e até mesmo da tundra geram um PIB duas vezes mais elevado que o de Moscou, que, por sua vez, é três vezes maior que a média nacional. Um exemplo é a região petrolífera e de produção de gás de Tiumien, no Distrito Federal Siberiano (que abriga os distritos autônomos de Khanty Mansy e de Nenets Yamal).

Outras "ilhas" de prosperidade são aquelas que agrupam algumas grandes cidades caracterizadas por serem importantes centros universitários e científicos, como as cidades de Omsk ou Krasnoiarsk na Sibéria. Encaixam-se também nesse grupo cidades pequenas e médias onde existem centros de pesquisa em altas tecnologias ligados ao complexo industrial-militar soviético que obtiveram sucesso em sua reconversão tecnológica. No conjunto, esses núcleos se caracterizam por serem os centros de uma nova economia do conhecimento.

Grande parte do restante do território russo é composta por algumas regiões ocupadas há muito tempo, mas que entraram em decadência, especialmente porque não conseguiram se adaptar às novas situações geradas pelo fim da União Soviética. Mas a maior parte das terras da Rússia são ainda verdadeiros vazios demográficos.

As rotas marítimas do Oriente

No mundo globalizado de hoje, pode-se afirmar que nenhum dos países que fazem parte da comunidade internacional é totalmente autossuficiente em relação aos recursos de que necessita para seu desenvolvimento. Ressalte-se também que a matriz de transportes do comércio internacional é dominantemente marcada pela navegação marítima, já que cerca de 90% do transporte de mercadorias é realizado por meio de navios. Ademais, a importância econômica dos oceanos e mares é enorme. Além da tradicional atividade pesqueira, inúmeros recursos minerais, como ouro, níquel, magnésio e hidrocarbonetos (petróleo e gás), são encontrados nas águas rasas ou profundas dos oceanos. Por serem locais de passagem, de contatos comerciais e também por constituírem fonte de recursos diversificados, a exploração dos espaços marítimos tem sido objeto de crescente competição internacional.

As duas rotas marítimas mais importantes do Oriente são os

Elaborado pelo autor.

A bacia do Índico.

oceanos Índico e Pacífico. O primeiro banha cerca de 40 países que se localizam entre a costa leste da África e o litoral ocidental da Austrália. Em virtude de seus recortes litorâneos, existem no Índico estreitos de grande importância estratégica, como os de Bab-el-Mandeb, Ormuz e Málaca, além de inúmeros arquipélagos e penínsulas.

Atualmente, três países – Estados Unidos, Índia e China – possuem grandes interesses geopolíticos na região. Como única potência verdadeiramente global, os Estados Unidos estão ali presentes por meio de bases militares e facilidades oferecidas por países aliados. A presença do país se ampliou a partir de 2001, em decorrência das ações no Afeganistão. O ponto mais importante do país na área é a base de Diego Garcia, situada a meio caminho entre a África e a Indonésia.

Com mais de 7 mil quilômetros de linha costeira, a Índia é o único dos três países que possui litoral no Índico. Sua vasta Zona Econômica Exclusiva exige constante vigilância, especialmente porque o país vê com preocupação o aumento da presença chinesa na área. A Índia julga fundamental tornar seguras suas rotas marítimas e, por isso, mostra grande interesse de cooperação com os governos da área para dispor de facilidades de escala ou de bases permanentes.

Para a China, o Índico é de importância crucial. Por ali transitam cerca de 25% de suas exportações e 15% das importações. Aproximadamente 75% das importações chinesas de hidrocarbonetos, essenciais para sua segurança energética, circulam por esse oceano. A estratégia de Pequim é de dispor de bases navais e facilidades nesse espaço marítimo para garantir a segurança de seus navios e, no caso de um conflito, defender seus interesses na área. O estreito de Málaca é a passagem mais vulnerável. Esse estreito, juntamente com o de Singapura, constitui uma das principais artérias comerciais do mundo, já que por ali passa o essencial dos fluxos comerciais entre Europa e Ásia.

Outra preocupação da China diz respeito à forte presença dos Estados Unidos na região. Supondo uma eventual crise entre os dois países, os norte-americanos não teriam grandes dificuldades em paralisar o comércio chinês, estrangulando a passagem no estreito de Málaca. Esse sentimento de vulnerabilidade é ainda mais acentuado pelo fato de a China não possuir nenhuma base naval operacional na região. No momento, a estratégia naval de Pequim se apoia principalmente em

Mianmar, Bangladesh, Maldivas e Paquistão.

No que se refere ao Pacífico deve-se destacar que suas águas banham 40 países da Ásia e das Américas e em sua vertente asiática há inúmeras tensões resultantes da disputa entre vários países que reivindicam soberania sobre espaços marítimos dessa área que é o principal teatro de operações da marinha chinesa. Uma rápida observação de um mapa da região mostra os "constrangimentos" geográficos que limitam a projeção marítima de Pequim. Quase todo o extenso litoral chinês é cercado por um cinturão insular cuja soberania pertence em grande parte a países que possuem rivalidades históricas ou recentes com a China, como são especialmente os casos do Japão e de Taiwan.

Além disso, a presença da marinha de guerra dos Estados Unidos na região por meio de sua Sétima Frota, cuja área de atuação se estende também para o Índico, é composta por centenas de navios, inclusive porta-aviões e submarinos cujas bases de apoio principais estão nas ilhas de Guam, Okinawa e no Japão, além de forças terrestres americanas estacionadas na Coreia do Sul, Japão e Taiwan. Os líderes chineses sabem o quanto é difícil competir com essa imensa máquina de guerra.

Todavia, isso não impediu que os espaços marítimos no Mar da China Oriental e no da China Meridional fossem atravessados por tensões relacionadas a minúsculas ilhas e arquipélagos, cuja soberania é disputada pela China e por países vizinhos, como Vietnã, Filipinas, Indonésia e Taiwan. As disputas sobre o controle dos pequenos arquipélagos existentes nesses mares se acirraram com a valorização econômica da plataforma continental, tanto para o aproveitamento dos recursos pesqueiros – base importante da dieta alimentar dos países da região – quanto para a exploração de riquezas minerais, especialmente hidrocarbonetos.

Um exemplo dessas disputas é a que envolve a China e o Japão, relacionada ao arquipélago de Senkaku (Diaoyu, segundo a denominação chinesa). A ocorrência de incidentes entre os dois países tem tido o condão de reavivar lembranças dolorosas de conflitos passados.

No mar da China Meridional, além das tensões entre China e Taiwan, verificam-se diversas outras disputas "oceânicas". As ilhas Paracelso são pleiteadas por Vietnã e China. O arquipélago de Spratly é reivindicado, parcial ou integralmente, por Malásia, Filipinas, Brunei, China e Vietnã. Vá-

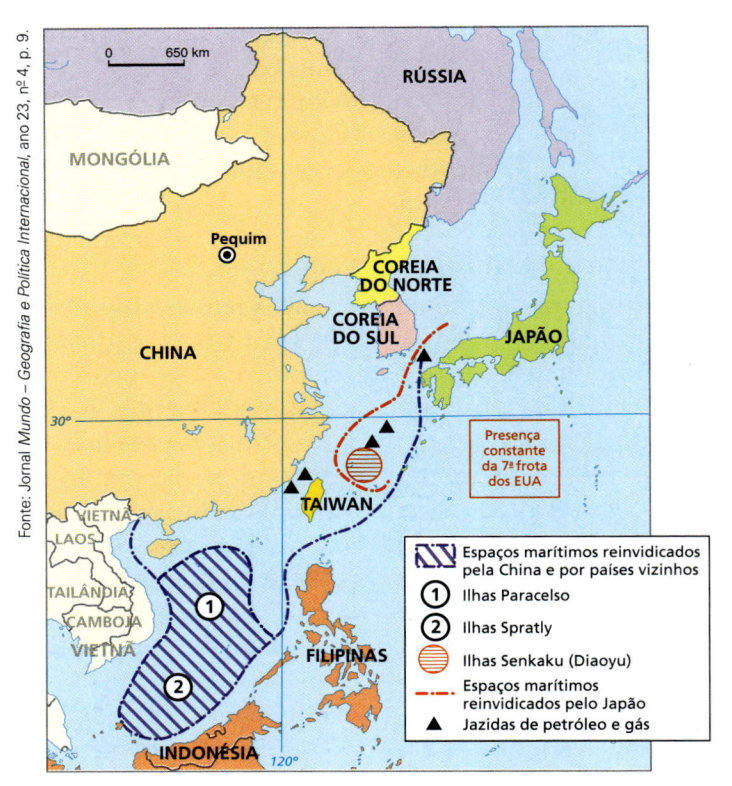

Fonte: Jornal Mundo – Geografia e Política Internacional, ano 23, nº 4, p. 9.

Tensões geopolíticas na área da Ásia do Pacífico.

rias ilhas e rochedos foram ocupados militarmente pelos países litigantes, em especial pela China. Supondo que a China consiga a soberania sobre essas ilhas, ela teria praticamente o controle total sobre as águas do Mar da China Oriental e Meridional.

Esses contenciosos colocam em risco as rotas mais importantes do comércio entre Oriente e Ocidente, que são cruciais para o intercâmbio externo da China, do Japão e da Coreia do Sul. Mas deve-se ter em vista que apenas os Estados Unidos dispõem de bases militares, tropas e meios logísticos para exercer influência decisiva sobre esse espaço cada vez mais sensível na geopolítica global.

Nigéria: a política das etnias e religiões

Nos últimos tempos, a Nigéria tem aparecido com certa frequência no noticiário internacional. Primeiro pelas ações empreendidas pelo grupo extremista Boko Haram, que tem cometido ações terroristas no norte do país. Por outro lado, pela primeira vez desde sua independência em 1960, uma eleição presidencial foi vencida pela oposição e a derrota foi reconhecida pelo candidato perdedor.

A Nigéria é a nação mais populosa da África, com mais de 175 milhões de habitantes. Previsões indicam que, em 2050, o país contará com mais de 280 milhões, cifra que o colocará entre os seis países mais populosos do mundo, ultrapassando o Brasil, que naquele ano será o oitavo colocado nesse quesito.

O país se destaca como potência econômica, sendo o maior produtor de petróleo do continente. Muito recentemente, a Nigéria passou a ter o maior PIB nominal do continente, posição que durante décadas foi ocupada pela África do Sul. Segundo especialistas, isso é explicado pela melhoria na coleta de dados estatísticos e pelas revisões de cálculos do PIB feitos pelo FMI e pelo Banco Mundial. O país também lidera a Comunidade dos Estados da África Ocidental, organização empenhada em mediar os conflitos na região. Apesar de sua importância econômica e geopolítica, a Nigéria enfrenta graves tensões internas desde sua independência.

Criado artificialmente pelos britânicos, o Estado nigeriano é um verdadeiro mosaico étnico composto por mais de duas centenas de etnias. Três grupos são majoritários no país e se distinguem por sua fé religiosa, pela identidade linguística e pelo enraizamento territorial. Ao norte estão os haussás-fulanis (cerca de 32% da população total), adeptos do islamismo. O sudoeste é a área dos iorubás (aproximadamente 21%). Embora o animismo seja dominante na região, o islamismo teve forte crescimento nas últimas décadas. Curiosamente, os iorubás muçulmanos costumam se identificar primeiramente pela etnia e depois indicar sua "preferência" religiosa. A terceira grande etnia, a dos igbos (ou ibos – mais ou menos 18%), é formada essencialmente por elementos cristãos e têm como área-núcleo o sudeste do país.

O restante da população – algo em torno de 30% – é formado por mais de 200 etnias, várias

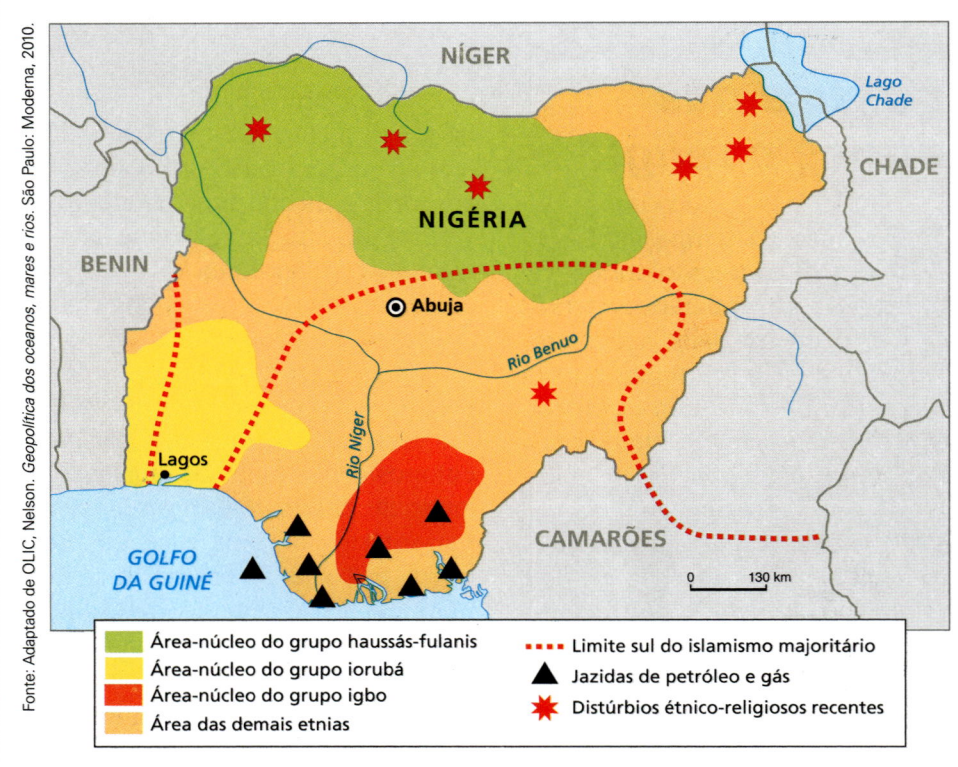

Fonte: Adaptado de OLIC, Nelson. *Geopolítica dos oceanos, mares e rios*. São Paulo: Moderna, 2010.

Legenda:
- Área-núcleo do grupo haussás-fulanis
- Área-núcleo do grupo iorubá
- Área-núcleo do grupo igbo
- Área das demais etnias
- ---- Limite sul do islamismo majoritário
- ▲ Jazidas de petróleo e gás
- ✹ Distúrbios étnico-religiosos recentes

Nigéria: grupos étnicos.

delas com apenas alguns milhares de indivíduos. Esses grupos têm um papel importante no país, ocupando postos-chave nas Forças Armadas e nos Estados do sudeste, onde ficam as principais jazidas de petróleo e gás natural. Por meio de complexas alianças, eles fazem frente à hegemonia imposta pelas três etnias majoritárias e concentram seus esforços em impedir a implosão da federação nigeriana.

Não por acaso foram essas etnias as principais beneficiadas pelo processo de fragmentação político-administrativa do país. Isso pode ser constatado pelo fato de a Nigéria ter passado de três Estados federados em 1960 para 36 na atualidade.

A mudança da antiga capital, Lagos (localizada em território iorubá, no sudoeste), para Abuja (situada no centro do país, portanto fora das áreas-núcleo das três etnias majoritárias) indica a importância dada pelo governo central a essas minorias. Isso, contudo, não tem impedido que

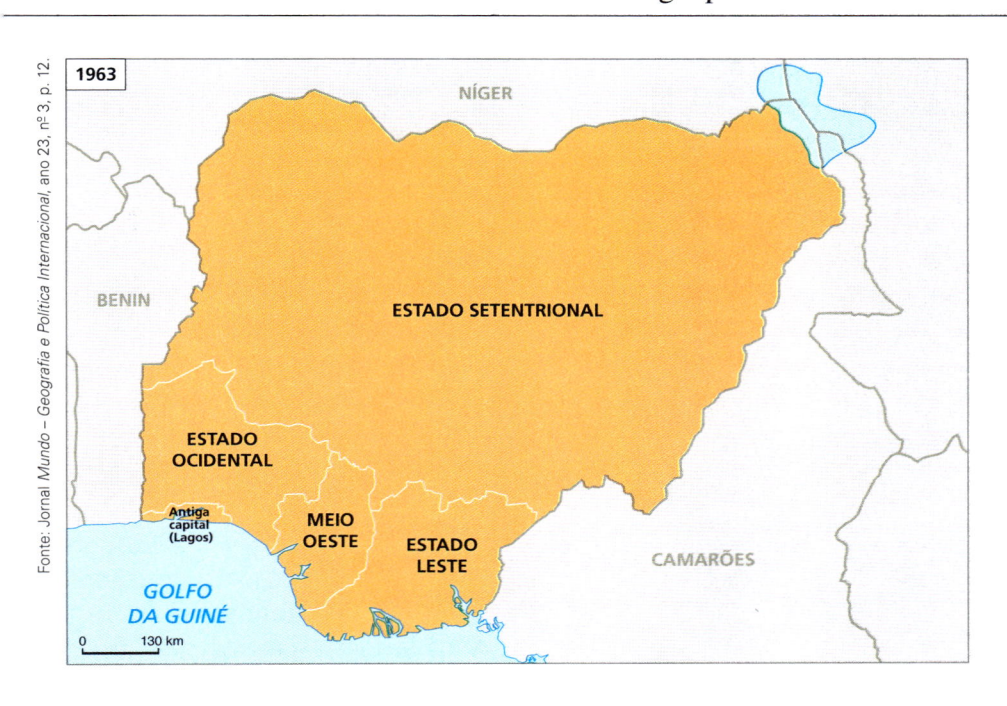

Fonte: Jornal *Mundo – Geografia e Política Internacional*, ano 23, nº 3, p. 12.

Fonte: Jornal *Mundo – Geografia e Política Internacional*, ano 23, nº 3, p. 12.

A Nigéria em dois tempos.

conflitos esporádicos ocorram entre as várias etnias minoritárias, especialmente na porção sul do país.

Mesmo no interior das áreas-núcleo das três maiores etnias (norte, sudoeste e sudeste) existem minorias étnicas e/ou religiosas. Assim, o norte haussá-fulani é pontuado por inúmeros bolsões de cristãos da etnia igbo, o grupo que mais migrou de sua área-núcleo para outras regiões da Nigéria. A convivência com a maioria muçulmana tem sido marcada por perseguições anti-igbo.

No sudeste, várias minorias contestam a postura hegemônica dos igbos. Esses grupos se recusaram até mesmo a lutar ao lado dos separatistas igbos durante a sangrenta Guerra da Biafra (1967-1970). No conjunto iorubá, as rivalidades têm relação com fatos ocorridos no passado colonial, quando grupos negros que viviam nas proximidades da costa capturavam povos do interior para vendê-los como escravos aos europeus. O rancor entre os descendentes dos escravagistas e os das vítimas do tráfico ainda hoje é fonte de conflitos e tensões.

Mais recentemente, com o estímulo de países e entidades religiosas do Oriente Médio, o radicalismo islâmico vem crescendo no norte da Nigéria. Contrários ao processo de globalização e ocidentalização desenvolvido pelo governo, esses movimentos recrutam simpatizantes principalmente nas favelas e periferias das cidades do norte. A força dessa tendência é tal que nos últimos anos vários estados da região passaram a adotar oficialmente a *sharia*, a rígida lei islâmica, que prevê drásticas punições para aqueles que a infringirem.

Essas decisões têm levado periodicamente à ocorrência de violentos choques no norte do país entre muçulmanos e minorias cristãs. Estas se recusam a viver sob as rígidas regras ditadas pela *sharia*, que considera crimes o jogo, o consumo de bebidas alcoólicas e o adultério, por exemplo.

Nos últimos anos, surgiu no estado de Borno, localizado no nordeste do país, o grupo extremista Boko Haram, cujo nome significa "a educação ocidental é pecaminosa" e por isso parte de seus ataques é dirigido contra escolas, em especial aquelas frequentadas por meninas. O grande objetivo do Boko Haram é criar um Estado islâmico no norte da Nigéria, impondo à força a *sharia*, a lei islâmica. Repudiado pela maioria dos muçulmanos do país, o grupo terrorista tem-se aproveitado da inépcia do governo nigeriano em combatê-lo.

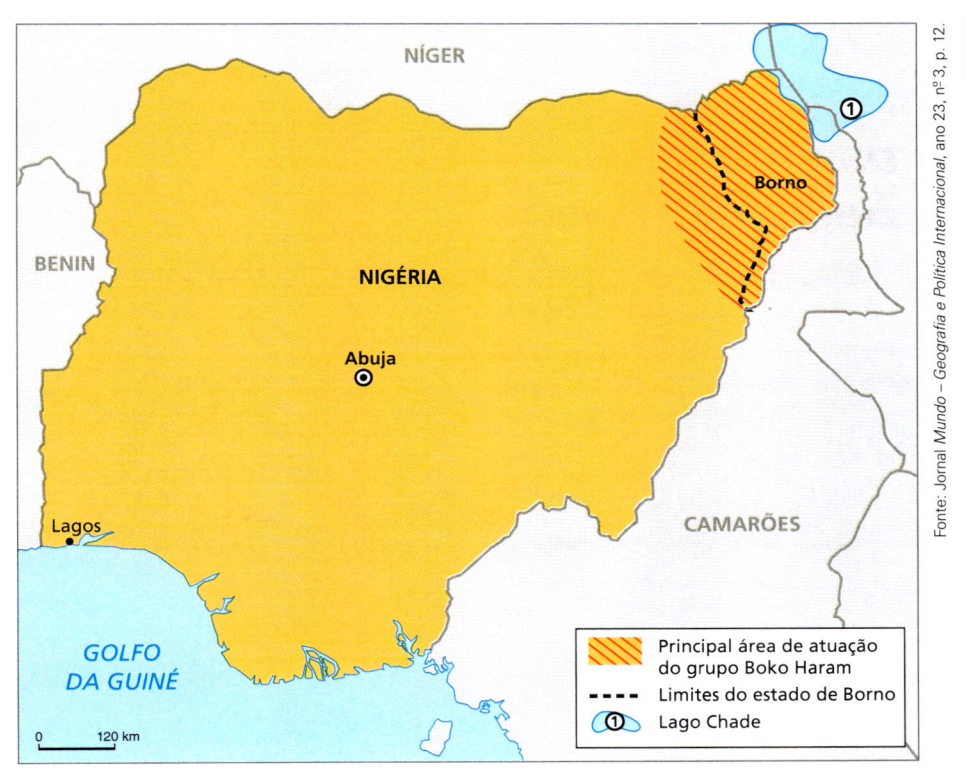

Fonte: Jornal Mundo – Geografia e Política Internacional, ano 23, nº 3, p. 12.

O Boko Haram na Nigéria.

Como a área de maior atuação do Boko Haram localiza-se junto às fronteiras da Nigéria com Chade, Mali e Camarões, por diversas vezes militantes do grupo chegaram a invadir o território desses países. Os governos do Chade e do Mali já têm auxiliado o governo nigeriano enviando tropas para combater o grupo extremista. No início de março de 2015, o Boko Haram anunciou sua lealdade aos extremistas do Estado Islâmico, que anunciaram a criação de um califado em áreas da Síria e do Iraque.

Dada a complexidade dos problemas internos e das tensões latentes acumuladas é quase um milagre que a Nigéria não se tenha desintegrado territorialmente.

Batalhas que mudaram os rumos da Segunda Guerra Mundial

Ahistória da humanidade já foi descrita como uma sucessão quase contínua de guerras – e o filósofo inglês Thomas Hobbes (1588-1679) chegou a caracterizar os tempos de paz como nada mais do que intervalos de maior ou menor duração nos quais se fazia a guerra por outros meios. Normalmente, uma guerra é constituída por várias batalhas que variam segundo critérios de intensidade, duração e número de vítimas. Algumas são consideradas mais decisivas que outras, pois tiveram o dom de mudar o curso, o resultado dos conflitos e engendraram as grandes linhas dos contextos geopolíticas posteriores. Daí a importância de três delas: o ataque japonês a Pearl Harbour, a batalha de Stalingrado e o Dia D.

O Dia da Infâmia

A data de 7 de dezembro de 1941 é definida por muitos historiadores, especialmente norte--americanos, como o dia mais importante de todo o século XX. Naquela manhã, forças aeronavais do Japão atacaram de surpresa a base americana de Pearl Harbour, situada numa das ilhas do arquipélago do Havaí. O evento, que deflagrou as ações bélicas da Segunda Guerra Mundial no teatro do Pacífico, arrastou os Estados Unidos para o conflito global.

Desde o início do século XX, intensificaram-se as tensões entre Estados Unidos e Japão, pois ambos expandiam suas influências sobre áreas da região. Ao longo da segunda metade do século XIX, com a compra do Alasca e das Ilhas Aleutas e com a ocupação do Havaí e das Filipinas, os Estados Unidos estabeleceram uma presença marcante no Pacífico. O Havaí – onde Washington instalou sua maior base aeronaval – situa--se a meio caminho entre o Extremo Oriente e a costa oeste do país, desfrutando de uma posição estratégica no controle do abastecimento das rotas marítimas e aéreas transpacíficas. A base funcionava como algo parecido com um imenso "porta-aviões" permanentemente ancorado no meio do maior oceano do mundo. O ataque japonês tinha o propósito de anular essa vantagem.

O Japão conheceu uma guinada histórica durante a segunda metade do século XIX, quando centralizou o poder político na figura do imperador, dando início à chamada Era Meiji. Sua economia rapidamente se modernizou ao mesmo tempo que se fortaleciam suas forças armadas. Com isso, foram criadas condições para um processo de expansão territorial para além do arquipélago japonês.

A hora de enfrentar os Estados Unidos chegou em 1941, após o governo japonês assinar um pacto de não agressão com a União Soviética. O vitorioso ataque a Pearl Harbour tornou inoperante grande parte da frota americana do Pacífico. No final de 1942, o Japão controlava praticamente todo o sudeste e leste asiáticos, englobando um enorme território de oito milhões de quilômetros quadrados que abrigava quase meio bilhão de pessoas. No final da guerra, o Japão perdeu todos os territórios anexados após 1895, retornando à sua condição de país insular.

No plano tático, o ataque a Pearl Harbour foi uma grande vitória. Do ponto de vista estratégico, contudo, conduziu o país a uma derrota devastadora. Em agosto de 1945, o Japão se rendeu incondicionalmente, logo após o lançamento das bombas atômicas sobre as cidades de Hiroshima e Nagasaki. Quatro anos após o Dia da Infâmia, como o presidente norte-americano Franklin Roo-

sevelt batizou a data do ataque a Pearl Harbour, o Pacífico praticamente se converteu num "lago americano".

Em Stalingrado foram sepultados os sonhos de Hitler

Para inúmeros especialistas, a Segunda Guerra Mundial no cenário europeu divide-se em dois períodos: antes e depois da Batalha de Stalingrado. Na cidade russa de Stalingrado, a atual Volgogrado, entre setembro de 1942 e fevereiro de 1943, deu-se um desses raros enfrentamentos nos quais se jogava a sorte grande. A União Soviética venceu, a Alemanha nazista perdeu. Depois dela, as forças de Hitler recuaram quase ininterruptamente, até sua capitulação final.

A derrota imposta à Alemanha na cidade do Volga teve impacto profundo em toda a sequência do conflito. Ali se iniciou a ofensiva soviética que expulsaria as forças nazistas do território da União Soviética e, em seguida, se desdobraria numa gradativa, mas contínua, libertação dos países do leste europeu, culminando com a tomada de Berlim, em maio de 1945.

Pouco antes do ato final da guerra na Europa, em março de 1945, percebendo que a

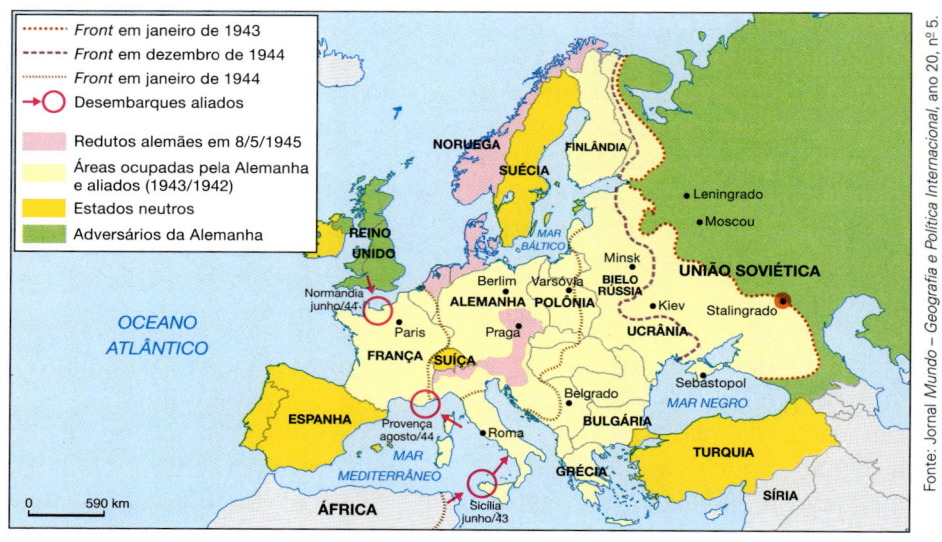

O declínio da Alemanha nazista após Stalingrado.

Fonte: Jornal Mundo – Geografia e Política Internacional, ano 20, nº 5.

vitória aliada era iminente, os "Três Grandes" (Joseph Stalin, pela União Soviética, Winston Churchill, pela Grã-Bretanha, e Franklin Roosevelt, pelos Estados Unidos) reuniram-se em Yalta para desenhar o mundo do pós-guerra. Na conferência, decidiu-se que, em virtude das dimensões de seu tributo em sangue, e também das realidades militares no terreno, os soviéticos exerceriam uma influência fundamental sobre o Leste Europeu após o fim do conflito. Assim, pode-se inferir que o Plano Marshall, a OTAN e o Pacto de Varsóvia tiveram suas raízes nas ruas e campos gelados de Stalingrado, no terrível inverno de 1942-1943.

O mais longo dos dias (Dia D)

Em 6 de junho de 1944, mais de 150 mil soldados – americanos, britânicos, canadenses e de outras nacionalidades – vindos da parte sul da ilha da Grã-Bretanha em milhares de embarcações atravessaram as águas turbulentas do Canal da Mancha e desembarcaram ao longo de uma faixa costeira de cem quilômetros no norte da França, região da Normandia, ocupada pelos alemães. A Operação Overlord, como foi batizada, é considerada a maior operação militar da história.

As primeiras horas do desembarque foram difíceis, especialmente na crucial praia de Omaha, que deveria ser tomada por forças dos Estados Unidos. Até o meio da manhã a situação ali estava indefinida, a ponto de o Comando Supremo Aliado aventar a hipótese de abortar toda a operação. Mas, no meio daquela tarde, o desembarque já se havia consolidado. Desde então, as forças aliadas foram gradativamente impelindo as forças nazistas de volta ao território alemão, até sua rendição final, em maio de 1945.

Assim como na Batalha de Stalingrado, pode-se afirmar que o Plano Marshall e a Organização do Tratado do Atlântico Norte (OTAN), estruturas geopolíticas fundamentais da Guerra Fria, tiveram sua origem nas areias das praias da Normandia durante o Dia D.

Vitória do Brexit coloca em risco o futuro da União Europeia

Brexit, expressão popularmente utilizada para definir a intenção da saída britânica da União Europeia (UE), foi uma nova palavra incorporada ao léxico da geopolítica ao longo do primeiro semestre de 2016. Para entender o seu significado e seus desdobramentos vale a pena fazer um breve resumo da formação do bloco econômico e também analisar algumas especificidades da Grã-Bretanha.

Desde 1957 – quando foi criada a Comunidade Europeia, embrião da UE atual – os países do bloco definiram dois grandes objetivos a serem perseguidos. O primeiro era o de aprofundar o relacionamento entre os países-membros e o segundo, o de ampliar o número de seus integrantes. A integração vertical conheceu um forte avanço em 1992, quando o Tratado de Roma de 1957, até então o documento básico do bloco, foi substituído pelo Tratado de Maastricht, fonte da moeda comum.

A ampliação horizontal avançou gradativamente, a partir do núcleo original dos seis signatários do Tratado de Roma (França, Alemanha Ocidental, Itália, Holanda, Bélgica e Luxemburgo). Ao longo dos 15 anos seguintes, foram incorporadas a Grã-Bretanha, a Irlanda e a Dinamarca. Ainda na década de 1970, o bloco admitiu Portugal, Espanha e Grécia, a "periferia mediterrânica". Nos anos 1990, ingressaram na UE a Áustria, a Suécia e a Finlândia.

Com a queda do Muro de Berlim e o encerramento da Guerra Fria, o alargamento gradativo deu um salto impressionante. Na primeira década do século XXI foram aceitos 12 novos membros.

Em 2004, dez países foram incorporados, inclusive nações que haviam pertencido ao bloco soviético da Europa Oriental (Polônia, Hungria, República Tcheca e Eslováquia), as três repúblicas bálticas, integrantes da antiga União Soviética (Estônia, Letônia e Lituânia), a ex-república iugoslava da Eslovênia, além dos pequenos Estados insulares de Chipre e Malta, antigas colônias britânicas.

Três anos mais tarde, passaram a fazer parte do bloco a Romênia e a Bulgária, antigos satélites soviéticos. Em 2013, se juntou ao bloco a Croácia, "entidade" geopolítica que, como a Eslovênia, também havia perten-

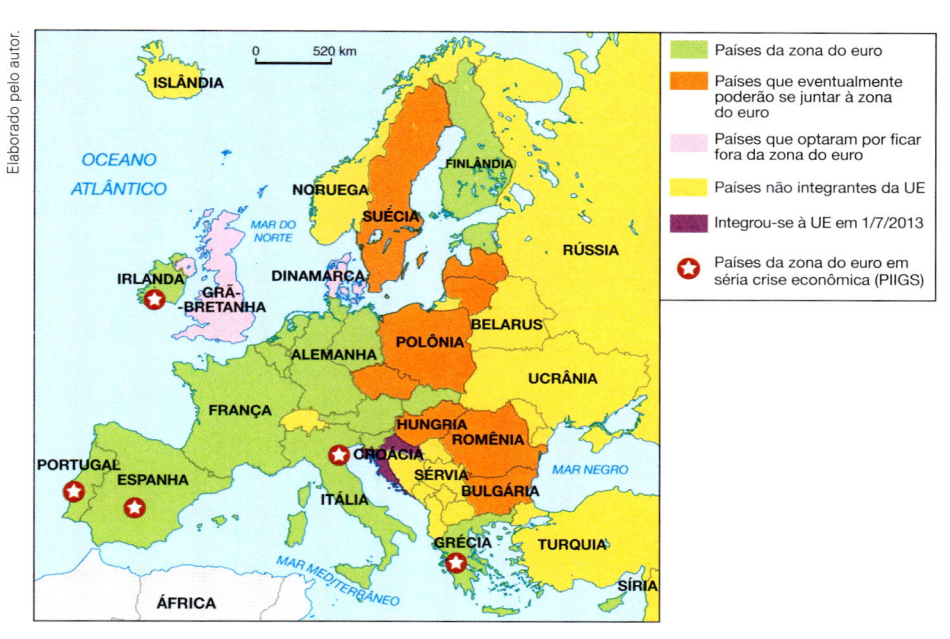

Caminhos e descaminhos da UE.

cido à Iugoslávia, antes que esta se desintegrasse nos anos 1990. A Europa dos Seis de 1957 transformou-se, 59 anos depois, na Europa dos Vinte e Oito.

Numa brevíssima comparação demográfico-econômica, a UE, com seus 514 milhões de habitantes, representa cerca de 7% do efetivo mundial. Seu PIB de aproximadamente 20 trilhões de dólares representa 17% das riquezas produzidas no mundo. A Grã-Bretanha possui cerca de 65 milhões de habitantes, o que equivale a 12,5% do contingente populacional do bloco, e seu PIB corresponde a aproximadamente 14% do total da UE.

Entre o mar e o continente, ficaremos com o mar

Em 6 de junho de 1944, o Dia D, começou a grande operação anfíbia de desembarque na Normandia das forças americanas e britânicas que libertariam a França. Pouco antes do início da operação, Charles De Gaulle, comandante exilado da França Livre, expressou sua gratidão ao primeiro-ministro britânico Winston ▶

Churchill. A resposta ficou célebre: a Grã-Bretanha, disse Churchill, sempre que tivesse que "decidir entre a Europa e o mar aberto, escolheria o mar aberto".

Dessa postura imutável decorria que "todas as vezes que eu tiver que decidir entre você e Roosevelt, deverei optar por Roosevelt". A Segunda Guerra Mundial foi o momento em que a Grã-Bretanha firmou uma aliança estratégica com os Estados Unidos, subordinando seu destino à liderança americana. A Europa ficaria em segundo plano diante da prioridade da aliança transatlântica. Por isso, os britânicos demoraram a ingressar na Comunidade Europeia e, depois, se recusaram a participar da união monetária.

A atual União Europeia é um projeto oriundo da aliança entre França e Alemanha. O euro nasceu de uma barganha entre o francês François Miterrand e o alemão Helmut Kohl. Os britânicos preferiram conservar o Banco da Inglaterra e a libra, uma decisão compartilhada pelos partidos Conservador e Trabalhista. A soberania monetária britânica é a contrapartida, no terreno econômico, do acordo geopolítico expresso por Churchill naqueles dias dramáticos da etapa derradeira da guerra mundial.

Fonte: Jornal Mundo – Geografia e Política Internacional, nº 4, agosto de 2011.

Antecedentes do Brexit

Em setembro de 2014, a Câmara dos Comuns britânica (Parlamento) aprovou uma lei permitindo que o primeiro ministro David Cameron realizasse um referendo – sobre a permanência britânica na União Europeia – cuja data de realização ficou agendada para o dia 23 de junho de 2016.

A iniciativa do referendo foi uma resposta às pressões dos chamados "eurocéticos", contrários à integração europeia, cujo poder cresceu bastante após a deflagração da crise econômica iniciada em 2008 e que atingiu o núcleo do Partido Conservador do premiê Cameron. Os eurocéticos alegam que a UE impõe excessivas regulações à atividade econômica e que os custos não compensam os ganhos.

Para eles, a UE é geralmente descrita como uma associação onde burocratas costumam estabelecer regulações excessivas e absurdas que geram ingerências inaceitáveis no dia a dia da vida dos cidadãos de cada país.

Os eurocéticos defendem também duras restrições à circulação de pessoas no espaço do bloco e se opõem a uma maior integração política. Para evitar o Brexit, Cameron tentou obter da direção da UE uma série de concessões, com a intenção de barrar o voto "não".

A desconfiança britânica em relação à Europa continental é histórica e, no passado, levou Londres a adotar uma política externa baseada no "equilíbrio de poder" de modo a evitar que um único país se tornasse hegemônico no continente. Winston Churchill, um dos maiores líderes britânicos do século XX, foi o primeiro a defender, em 1946, a criação dos "Estados Unidos da Europa", baseada na reconciliação entre França e Alemanha.

Mas, quando o Tratado de Roma criou a Comunidade Econômica Europeia (CEE), em 1957, a Grã-Bretanha se recusou a integrá-la, por priorizar os laços comerciais e políticos com os países da Comunidade Britânica de Nações (*Commonwealth*). Ademais, os britânicos faziam restrições a um projeto baseado no conceito de compartilhamento da soberania nacional em favor de instituições de caráter supranacionais.

Porém, o tempo e o sucesso inicial da CEE incumbiram-se de fazer os britânicos mudarem de ideia. Em 1961, eles reviram sua posição e solicitaram a entrada no bloco, mas as negociações foram interrompidas pelo presidente francês da época (Charles De Gaulle), que via com desconfiança os laços estreitos de Londres com os Estados Unidos. O projeto de De Gaulle objetivava criar uma Europa equidistante das duas superpotências da Guerra Fria (Estados Unidos e URSS).

Foi só em 1973 que os britânicos efetivamente passaram a fazer parte do bloco econômico, mas continuaram desconfiados quanto ao processo de integração. Essa postura se mostrou explícita quando eles se recusaram a aderir ao Sistema Monetário Europeu em 1979 e tampouco aceitaram, em 1992, os termos do Tratado de Maastricht, que implantou a moeda única. Londres também não se comprometeu com o Acordo de Schengen, de 1995, que permitia a livre circulação de pessoas pelo espaço territorial comunitário. Mais recentemente, em 2011, rejeitou o pacto orçamentário, um acordo que objetivava revigorar a Zona do Euro, atingida pela crise econômica global.

Após a aprovação da realização do referendo, o primeiro-ministro britânico apresentou ao

Conselho Europeu várias propostas no sentido de redefinir a relação de seu país com a UE, com o objetivo de enfraquecer os argumentos dos defensores do Brexit. O item mais polêmico referia-se aos imigrantes, especificamente a redução dos benefícios dos trabalhadores imigrantes com menos de quatro anos de contribuição. Além disso, os britânicos propuseram que o bloco reconhecesse o direito britânico de não avançar em direção à união política. Londres também pressionou para que o mercado único fosse mais aberto e menos regulado. Por fim, Cameron pediu o reconhecimento de que o euro não fosse a única moeda do bloco, de modo que países não pertencentes à Zona do Euro não fossem excluídos das decisões monetárias. As demandas britânicas foram parcialmente atendidas, apesar de questionadas por alguns países do bloco, especialmente por parte da França.

Nos últimos anos, em decorrência das crises combinadas do euro e dos refugiados, a corrente "eurocética" ganhou o reforço da extrema direita, do Ukip, xenófobo partido do país. Apesar dos "eurocéticos", ao longo de décadas a Grã-Bretanha esteve ligada à Europa continental. Mesmo separada pela moeda, a economia britânica manteve-se integrada ao restante da UE. Prova disso é a distribuição do comércio exterior: quase 45% das exportações e pouco mais de 50% das importações britânicas realizam-se com países do bloco.

E o Brexit venceu...

Contrariando o que previam os institutos de pesquisa, 52% dos britânicos votaram pela saída do Reino Unido da UE. Uma primeira conclusão acerca dos resultados é que os britânicos estavam muito divididos quanto ao seu futuro como integrantes do bloco econômico. Isso fica mais patente quando se analisam os resultados de forma mais detalhada.

Do ponto de vista das quatro "entidades" geopolíticas que compõem o Reino Unido, os defensores do Brexit foram vitoriosos na Inglaterra, no país de Gales, mas foram derrotados na Escócia e na Irlanda do Norte. Outro fato que chama a atenção é que, em Londres, praticamente 60% dos eleitores votaram pela permanência do país na UE.

Pode-se inferir que, nas cidades maiores e talvez em algumas de porte médio, a visão dos eleitores era mais favorável à permanência, situação bem diferente da registrada nos núcleos urbanos de pequeno e de médio porte. Em todas as regiões menos prósperas do país, os que votaram pela saí-

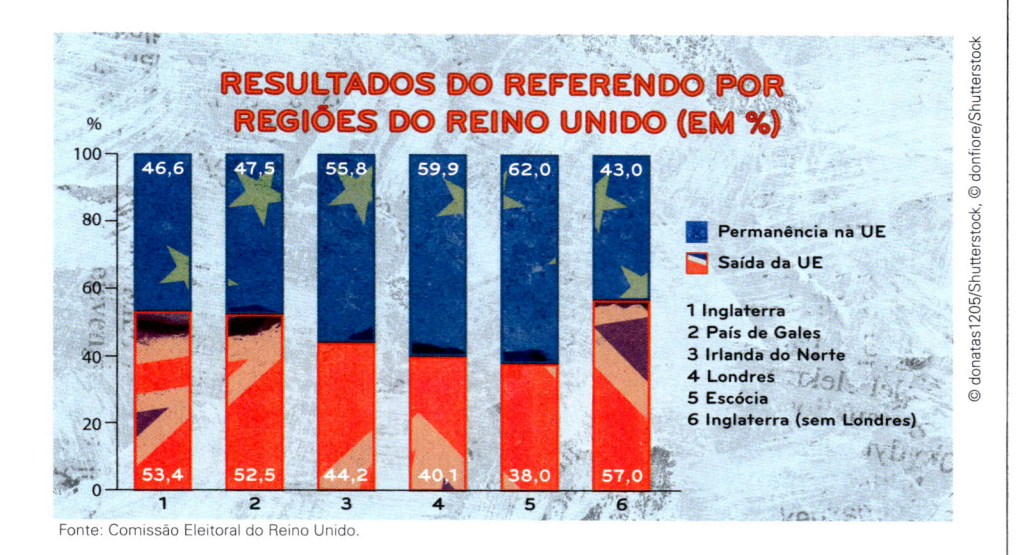

RESULTADOS DO REFERENDO POR REGIÕES DO REINO UNIDO (EM %)

Legenda:
- Permanência na UE
- Saída da UE

1 Inglaterra
2 País de Gales
3 Irlanda do Norte
4 Londres
5 Escócia
6 Inglaterra (sem Londres)

	1	2	3	4	5	6
Permanência	46,6	47,5	55,8	59,9	62,0	43,0
Saída	53,4	52,5	44,2	40,1	38,0	57,0

Fonte: Comissão Eleitoral do Reino Unido.

© donatas1205/Shutterstock, © donfiore/Shutterstock

da representaram mais de 2/3 dos votos totais.

Outro aspecto que chama a atenção é a análise dos votos em relação à composição etária da população. De maneira geral, os jovens votaram pela permanência e as pessoas com mais idade optaram pelo Brexit.

Um futuro marcado por incertezas

O resultado do referendo traz consequências em nível nacional, continental e mundial. No primeiro desses níveis, o Brexit pode eventualmente causar a implosão do Reino Unido, na medida em que estimula o separatismo escocês. Além disso, pode azedar as bases do acordo de paz entre católicos e protestantes na Irlanda do Norte. Em 1998, um acordo de paz entre os dois grupos encerrou um longo conflito, apoiado em instituições supranacionais que ligam a Irlanda do Norte à República da Irlanda, país soberano de cultura católica e integrante da UE.

Levando em conta as possíveis repercussões econômicas, um relatório do Tesouro britânico analisou três cenários resultantes do Brexit no horizonte de 15 anos. No cenário identificado como "norueguês", a Grã-Bretanha se juntaria à Associação Europeia de Livre Comércio, bloco formado por Noruega, Suíça, Islândia e Liechtenstein. No cenário "canadense", Londres negociaria um acordo bilateral de comércio com a UE. Finalmente, no cenário "russo", a Grã-Bretanha não teria nenhum acordo comercial específico com a UE. O relatório vaticinava que em todos os cenários a expansão do PIB perderia velocidade, desacelerando entre 4% e 25%.

Na escala europeia, o resultado do Brexit representou uma vitória maiúscula dos eurocéticos e dos partidos nacionalistas. Os primeiros estão presentes em quase todos os países do bloco e, como se pode perceber pelo gráfico a seguir, a visão mais desfavorável ocorre na Grécia, país que atravessa uma grave crise econômica. Quanto aos nacionalistas, eles estão presentes em muitos países. Nas últimas eleições e nos principais países sua votação foi inferior a 15%.

Em nível mundial, a Rússia de Wladimir Putin comemorou, já que o "czar" russo está interessado na fragmentação da UE. Donald Trump, que meses mais tarde seria eleito presidente dos Estados Unidos, também celebrou o resultado. A China não se manifestou a respeito do assunto. Em resumo, o nacionalismo exacerbado e a intolerância venceram, alimentando-se do desencanto em relação a uma globalização que aprofunda desigualdades e gera exclusões.

Sobrou até para o Brasil, que será afetado em curto prazo pela mudança dos fluxos financeiros, com novas pressões inflacionárias e os juros se mantendo em patamares muito elevados, afetando a recuperação da economia. Por fim, o Brexit poderá complicar ainda mais as morosas negociações de um acordo comercial entre o Mercosul e a UE.

Tudo isso pode se concretizar ou não. No curto e no médio prazo, o que prevalece é uma enorme incerteza em relação ao futuro.

© donatas1205/Shutterstock, © dencg/Shutterstock

O "EUROCETICISMO" EM ALGUNS PAÍSES DA UE

% 20 40 60 80 100

- Grécia 71%
- França 61%
- Reino Unido 48%
- Espanha 49%
- Alemanha 48%
- Holanda 46%
- Suécia 44%
- Itália 39%
- Hungria 37%
- Polônia 22%

Fonte: Jornal *O Estado de S. Paulo*, 03/07/2016, caderno Internacional, p. A11.

A importância dos oceanos e o fenômeno El Niño

Como se sabe, cerca de 70% da superfície do planeta é recoberta por uma imensa massa líquida que alguns denominam Oceano Mundial, tradicionalmente dividido em entidades geográficas menores – o Pacífico, o Atlântico, o Índico e o Ártico. Cada um desses quatro oceanos engloba porções menores, os mares, delimitados normalmente por ilhas ou por recortes do litoral. Esse imenso mundo líquido, em constante movimento, condiciona a vida em nosso planeta.

Os oceanos desempenham papel crucial no equilíbrio ecológico mundial, pois regulam o clima e o ciclo da água, ensejam trocas gasosas com a atmosfera e influem na composição do ar. Além disso, apresentam uma enorme e rica biodiversidade composta por milhões de espécies, a maioria delas ainda pouco conhecida.

As características da água do mar – temperatura, salinidade, densidade – e diversos fatores externos que exercem influência sobre as massas líquidas – os ventos e a atração gravitacional lunar – determinam o deslocamento das águas oceânicas. Tais deslocamentos, que se verificam entre o fundo e a superfície e de um ponto para outro do globo, são responsáveis pelos fenômenos das marés e das correntes marinhas.

As influências mais diretas do oceano sobre as áreas continentais não vão além dos 100 quilômetros da linha de costa. Nessas faixas, que não representam mais de um quinto das terras emersas, habita atualmente pouco mais da metade da população mundial. De acordo com as projeções, em 2025 o contingente demográfico junto às áreas litorâneas atingirá três quartos do total. Atualmente, cerca de 70% dos maiores núcleos urbanos do mundo são costeiros. Os ecossistemas costeiros são áreas de grande fragilidade ambiental. As pressões exercidas pelas ações antrópicas causam impactos de variadas intensidades sobre os recifes coralíneos, os mangues, os estuários e a vegetação litorânea em geral.

A importância econômica dos oceanos e mares é enorme. Eles se constituem nos grandes corredores do intercâmbio global de mercadorias: atualmente, cerca de 90% dos bens comercializados no mundo circulam por navios. A atividade pesqueira, praticada de forma predatória, contribui para reduzir drasticamente os estoques de determinados tipos de peixes, especialmente os de maior valor comercial.

Inúmeros recursos minerais, como ouro, níquel, magnésio e hidrocarbonetos, são encontrados nas águas rasas ou profundas dos oceanos. Cerca de 30% do petróleo do mundo é extraído em plataformas marítimas. Se o sal, o petróleo e outros minerais são extraídos há algum tempo, outras riquezas ainda aguardam o desenvolvimento de tecnologias capazes de reduzir os custos de extração. No entanto, os minerais escondidos sob os oceanos podem se tornar recursos essenciais em futuro não muito distante.

A Convenção das Nações Unidas sobre os Direitos do Mar, firmada em Montego Bay, nas Bahamas, em 1982, definiu que cada país litorâneo exerceria soberania decrescente à medida em que aumentasse a distância entre a sua costa e o alto-mar. A partir daí, a soberania deixaria de existir. Decidiu-se ainda que o fundo do mar, fora da jurisdição nacional, passaria a ser considerado patrimônio comum da humanidade. Mesmo assim, as tentativas de imposição de leis internacionais mais rígidas de controle sobre abusos esbarram na soberania dos países sobre as águas territoriais e nas controvérsias a respeito da aplicação da legislação sobre as águas internacionais. Além disso, os Estados Unidos e alguns outros países rejeitaram a Convenção.

Por serem locais de passagem e de intercâmbios comerciais e por abrigarem recursos minerais e biológicos diversificados, os espaços marítimos são objeto de crescente competição internacional e de tensões geopolíticas entre países relacionadas à soberania do mundo.

O Pacífico, que é o maior dos oceanos, ocupa cerca de metade da superfície dos espaços marítimos do planeta e mais ou menos um terço da superfície total da Terra. Suas águas banham mais de quarenta países situados na porção ocidental das Américas, na parte oriental da Ásia, na Oceania, além de ilhas e arquipélagos que ainda têm o estatuto geopolítico de territórios coloniais e semicoloniais.

Ele se estende das altas latitudes do hemisfério norte às altas latitudes do hemisfério sul. Periodicamente, a porção equatorial do Pacífico, junto ao continente americano, é palco de um fenômeno que afeta o clima regional e global, mudando os padrões de ventos e os regimes de chuvas nas regiões tropicais e de latitudes médias. Esse fenômeno oceano-atmosférico é o El Niño, que se caracteriza por um aquecimento acentuado das águas superficiais do setor centro-leste do Pacífico, especialmente em sua faixa equatorial. O pico do fenômeno acontece em intervalos médios de quatro anos e pode persistir de seis a quinze meses. Em alguns anos, ele é pouco sentido, mas em outros é responsável pela ocorrência de expressivas anomalias pluviométricas e térmicas em diversas regiões do mundo, como aconteceu em 2015.

Estudos recentes têm sinalizado para o fato de que o aumento das emissões dos gases do efeito estufa estaria amplificando anomalias climáticas ligadas ao El Niño.

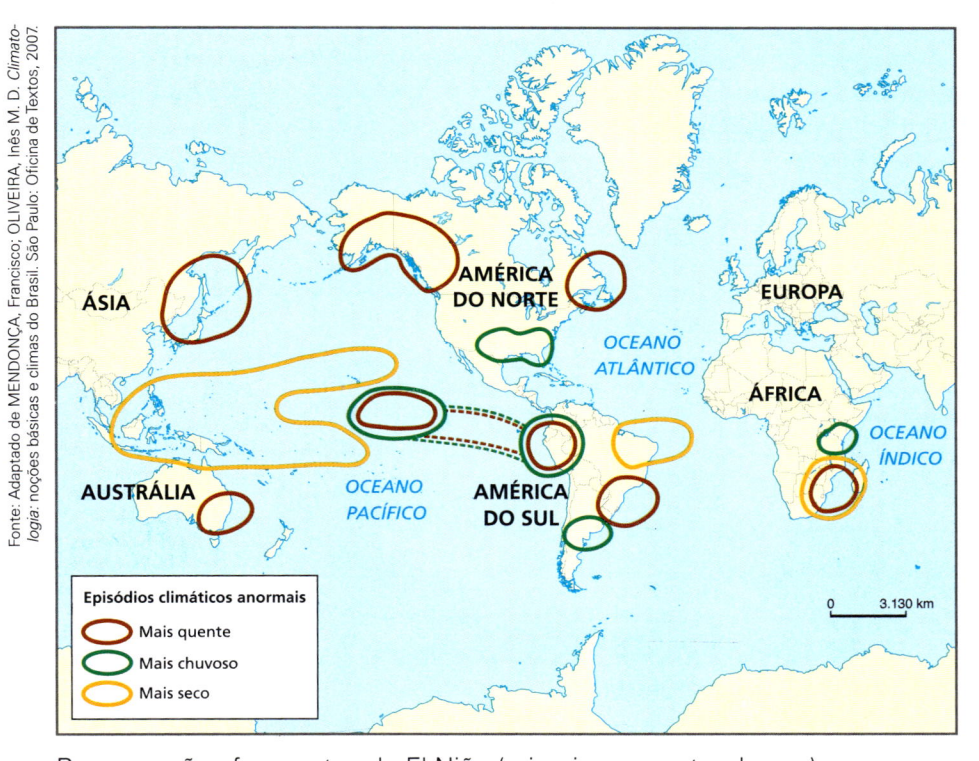

Fonte: Adaptado de MENDONÇA, Francisco; OLIVEIRA, Inês M. D. *Climatologia: noções básicas e climas do Brasil*. São Paulo: Oficina de Textos, 2007.

Repercussões frequentes do El Niño (primeiro semestre do ano).

Impactos ambientais na China

Depois de quase 30 anos de crescimento econômico contínuo (média anual superior a 7%), a China vem pagando um pesado tributo ambiental. Não são poucos os que afirmam que o país vive um dos maiores desastres ecológicos da história.

Por exemplo, as chuvas ácidas já atingem cerca de 30% do território e contamina em diferentes graus quase toda a rede fluvial do país. Pelo menos metade dos chineses não tem acesso a água potável de boa qualidade. No que se refere à poluição atmosférica, ela é responsável por aproximadamente 75% das doenças crônicas e é a principal causa das mortes ligadas a enfermidades respiratórias e cardíacas.

Com a manutenção do crescimento econômico e a ampliação do consumo, a necessidade por mais energia e recursos naturais deve aumentar, agravando ainda mais a situação já existente. Ao longo dos últimos anos, a China se transformou no maior emissor mundial de dióxido de carbono, o principal gás responsável pelo aquecimento global do planeta. Sete entre as dez cidades mais poluídas do mundo encontram-se na China e o próprio governo reconhece que mais de 250 núcleos urbanos do país possuem qualidade do ar inferior aos padrões considerados razoáveis internacionalmente.

A principal causa desse intenso fenômeno de poluição atmosférica é o acentuado e rápido processo de industrialização, lembrando que o país ainda utiliza largamente o carvão mineral como fonte de energia. A China é a maior produtora mundial de carvão e cerca de 70% de toda a energia gerada provém da queima desse combustível fóssil, que é extremamente poluente.

No que se refere aos recursos hídricos, há no país áreas de crescente escassez, especialmente nas regiões norte e nordeste, sendo que nessa última área localiza-se Pequim, a capital. Além das óbvias consequências para os seres humanos, a falta do "ouro azul" é uma ameaça ao ritmo de crescimento dessa região.

É por isso que o governo vem planejando um projeto "faraônico" de transposição das águas do rio Yang-tsé (curso fluvial que drena a porção centro-sul do país) para a região de Pequim. Esse projeto, assim como a construção no mesmo rio da gigantesca Usina das Três Gargantas, vem sendo duramente criticado por ambientalistas, que veem nessas obras sérias ameaças ao equilíbrio ecológico.

População mundial: previsões para o século XXI

Atualmente, importantes mudanças na composição e na dinâmica da população mundial vêm se cristalizando. Apesar de muitas dessas transformações terem se iniciado nas últimas décadas do século XX, pode-se afirmar que, ao longo do século atual, a população do planeta será maior, crescerá em ritmo mais lento, será cada vez mais urbana e também mais idosa do que foi nos últimos 100 anos.

Assim como ninguém que tenha vivido até 1930 conseguiu presenciar a população mundial dobrar de tamanho, tudo indica que nenhum ser humano nascido após 2050 viverá tempo suficiente para testemunhar esse fenômeno novamente. Nunca é demais recordar que o ritmo máximo de crescimento da população mundial foi atingido por volta da segunda metade da década de 1960 e se o total de seres humanos no planeta só atingiu seu primeiro bilhão no início do século XIX, atualmente esse número é incorporado à população mundial a cada 15 anos.

Segundo estimativas, em 2050 o planeta deverá abrigar um número pouco superior a 9 bilhões de habitantes, isto é, mais ou menos 2,0 bilhões de pessoas a mais do que possui atualmente. A cada ano são incorporados à população do planeta cerca de 75 milhões de seres humanos, cifra que corresponderia a quase duas vezes a população da Argentina.

Todavia, a dinâmica do crescimento demográfico mundial é muito desigual. Estima-se que, ao longo dos primeiros 50 anos do século XXI, o Afeganistão e um grande número de nações da porção subsaariana da África (como Libéria, Uganda, Burundi, Chade e Congo) assistirão seu contingente populacional triplicar. Deve-se recordar que esses países estão entre os mais pobres do mundo. Mesmo tendo taxas de mortalidade acima da média mundial, os países em questão têm apresentado taxas de natalidade persistentemente altas. Neles, em média, uma mulher tem o dobro de filhos do que as mulheres que vivem nas nações mais ricas.

Cerca de metade do incremento populacional que ocorrerá até 2050 terá como "responsáveis" nove países: Índia, Paquistão, Nigéria, República Democrática do Congo, Bangladesh, Uganda,

Estados Unidos, Etiópia e China. A surpresa fica por conta da presença dos Estados Unidos nessa lista, fato explicado pelo alto número de imigrantes que o país deverá receber nas próximas décadas.

Por outro lado, pelo menos 50 países, a maioria de alto nível econômico, como a Alemanha, o Japão e a Itália, provavelmente terão uma diminuição de sua população em termos absolutos. Outros países, embora com um padrão econômico inferior ao dos países citados, como é o caso da Rússia, também deverão ter sua população diminuída. O exemplo russo é emblemático, pois reflete a falência dos sistemas públicos de saúde e o incremento de mortes causadas por câncer, doenças cardíacas, alcoolismo, suicídios e homicídios, decorrentes da brutal queda do padrão de vida após o fim da União Soviética.

Até a metade do século passado, o contingente de crianças com idade inferior a 5 anos era maior do que o de pessoas com mais de 60 anos. Atualmente, cada um desses grupos etários corresponde a 10% da população mundial, mas, daqui para a frente, os idosos serão cada vez mais numerosos. Contudo, o envelhecimento da população não ocorre de forma semelhante em todos os países. Em 2050, nas regiões mais desenvolvidas do mundo, uma em cada três pessoas terá mais de 60 anos, enquanto nas áreas menos desenvolvidas elas serão cerca de 20% do total.

Mantendo as tendências demográficas observadas na atualidade, até 2050 a quase totalidade do crescimento da população

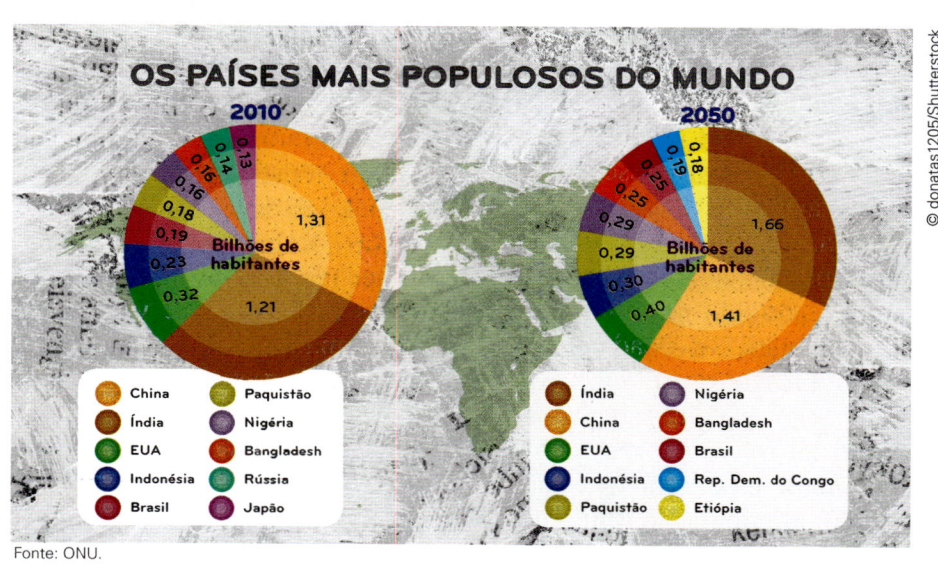

Fonte: ONU.

mundial acontecerá em áreas urbanas. Em 2007, o número de pessoas morando em cidades superou o contingente de pessoas do campo. As populações urbanas crescem mais rápido nos países pobres do que nos países mais ricos. Aproximadamente 60% do crescimento urbano nos países pobres será devido ao crescimento vegetativo, ao qual será acrescido o êxodo rural, fenômeno que ocorrerá com maior intensidade no sul, sudeste e leste da Ásia e também na África Subsaariana.

As projeções que indicam bilhões de pessoas a mais nos países pobres, mais idosos no mundo, juntamente com a expectativa de um crescimento econômico mundial maior que o atual, levantam questões sobre o grau de sustentabilidade da população atual e futura.

A princípio, nosso planeta pode fornecer espaço e alimento para pelo menos três bilhões a mais de pessoas, além das existentes atualmente. O problema é que grande parte dos 7,2 bilhões de seres humanos do nosso planeta não se satisfaz apenas em ter o que comer.

Segundo organismos internacionais que estudam o problema, estabelecendo-se uma relação entre alimentos, energia e recursos naturais, na atualidade, os habitantes da Terra já estariam consumindo cerca de 43% além da capacidade de reposição da biosfera, déficit que tem aumentado aproximadamente 2,5% ao ano. Se todos os seres humanos passassem a consumir o que consome um europeu ou um norte-americano, seriam necessários três planetas como o nosso!

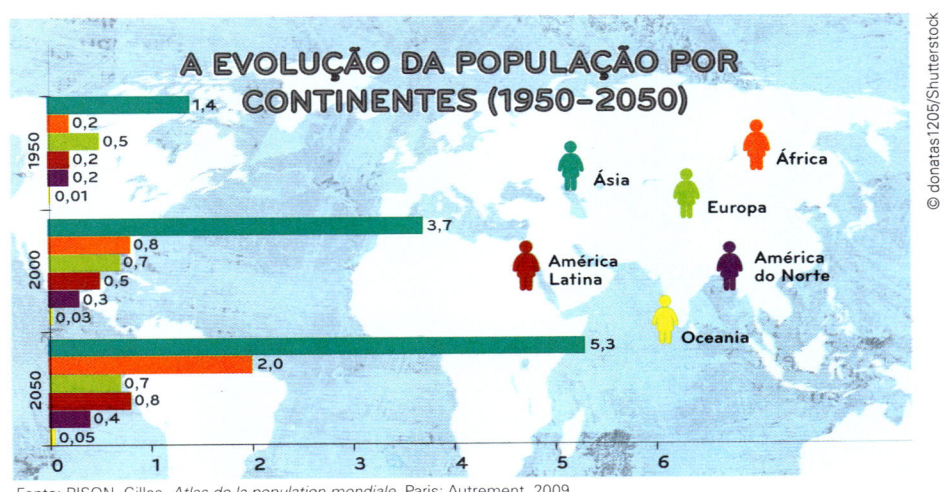

Fonte: PISON, Gilles. *Atlas de la population mondiale*. Paris: Autrement, 2009.

© donatas1205/Shutterstock

Estados Unidos, potência demográfica

Na entrada do século XXI, assim como já vinha ocorrendo ao longo do século XX, os Estados Unidos se constituem na maior potência financeira, econômica, tecnológica, militar e cultural do planeta. Todavia, a nação norte-americana é também uma potência demográfica. No final de 2006, o efetivo demográfico dos Estados Unidos atingiu a cifra de 300 milhões de habitantes, confirmando o país como o terceiro mais populoso do mundo, cujo número só é superado pelo da China (cerca de 1,3 bilhão) e da Índia (quase 1,2 bilhão).

O crescimento populacional norte-americano foi muito rápido. Em 1790, quatorze anos após sua independência, o país possuía cerca de 4 milhões de habitantes; um século depois, a população tinha crescido mais de 15 vezes, chegando a 63 milhões. No século XX, entre 1945 e o ano 2000, sua população simplesmente duplicou.

As causas desse expressivo aumento do contingente populacional estão ligadas ao contínuo excedente do número de nascimentos em relação às mortes e,

também, pela expressiva entrada de imigrantes. Entre 1850 e 1930 entraram nos Estados Unidos cerca de 38 milhões de imigrantes. No período entre 1930 e 1965, chegaram "apenas" 5,5 milhões, por conta de uma série de leis que restringiram o fluxo. Por fim, de 1965 até os dias atuais, entraram em território estadunidense cerca de 25 milhões de novos imigrantes. Atualmente, o número de estrangeiros residentes nos Estados Unidos corresponde a pouco menos de 10% da população total.

Do ponto de vista do crescimento vegetativo, pode-se dizer que os Estados Unidos estão concluindo sua transição demográfica. O crescimento que em 1900 era de 1,5% ao ano foi reduzido pela metade na década de 1930. Todavia essa queda na trajetória demográfica foi interrompida na década de 1950, quando houve uma retomada no ritmo de crescimento, fenômeno que ficou conhecido como *baby boom*. Nessa época, o país voltou a ter um crescimento vegetativo similar ao registrado no início do século XX. Em seguida, o crescimento voltou a diminuir, atingindo em 2000 a cifra de 0,6%, resultado de uma taxa de natalidade de 15 por mil e uma taxa de mortalidade da ordem de 9 por mil.

Todavia, essa dinâmica demográfica é bastante variável no que se refere aos aspectos regionais. Assim, desde a década de 1980, o aumento mais expressivo da população tem ocorrido no chamado *Sun Belt* (Cinturão do Sol), ampla área do sul e oeste do país, que se estende aproximadamente do estado da Flórida à Califórnia. Nos últimos 20 anos, a população da região sul dos Estados Unidos aumentou 25%, ao passo que o contingente populacional do oeste teve um incremento de 43,5%. Desde 1970, mais da metade do crescimento populacional do país tem ficado por conta de cinco estados: Califórnia, Texas, Flórida, Arizona e Geórgia.

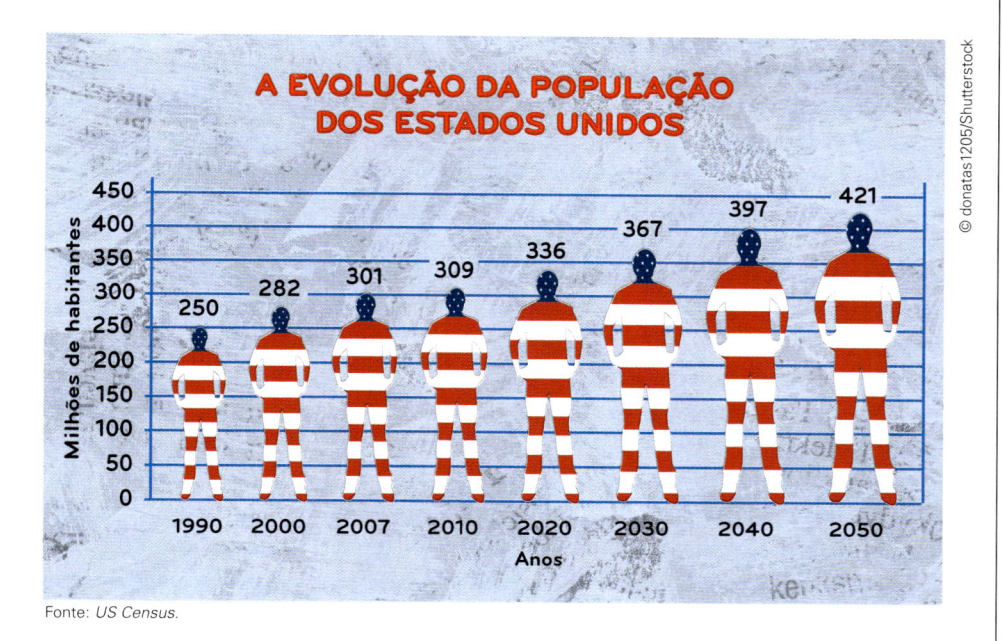

Fonte: *US Census*.

Olimpíadas: uma radiografia do mais global dos eventos esportivos

Em agosto de 2016 foram realizados, no Rio de Janeiro, os XXXI Jogos Olímpicos da Era Moderna. A origem desses jogos encontra-se na Antiguidade, quando os gregos realizavam festivais esportivos em honra de Zeus (e outros deuses) no santuário de Olímpia. Séculos depois, as Olimpíadas perderam prestígio com o domínio romano sobre a Grécia. Em 392 d.C., o imperador Teodósio I, que se havia convertido ao cristianismo, proibiu todas as festas que tivessem caráter pagão. O politeísmo dos jogos era inaceitável para um monarca convertido a uma religião monoteísta. As Olimpíadas só voltariam a ser realizadas em 1896, na Grécia (Atenas), por iniciativa de Pierre de Fredy (1863-1937), o barão de Coubertin, que também fundou o Comitê Olímpico Internacional (COI).

Na Grécia Antiga as Olimpíadas eram cerimônias de confraternização política e social, imortalizadas pelos poetas da época, que contavam as façanhas dos heróis olímpicos. Na atualidade, os Jogos se constituem num evento único, transmitido ao vivo pela televisão e assistido por bilhões de pessoas em todo o mundo.

O ideal de Coubertin era resgatar o sentido original das Olimpíadas, que, antes de tudo, deveriam promover o encontro plural entre os povos. Mas o sentido pluralista dos Jogos foi invariavelmente contaminado por interesses econômicos e disputas geopolíticas.

A partir dos anos 1970, o COI permitiu que atletas profissionais participassem das competições, antes somente reservadas a amadores. Essa situação permitiu que grandes corporações internacionais ligadas ao setor esportivo convertessem as Olimpíadas num palco privilegiado de marketing. Sob a pressão dos negócios milionários que se associaram ao esporte, atletas passaram a utilizar os mais variados tipos de drogas com o objetivo de melhorar seus rendimentos físicos (e monetários).

A constatação de que crescente número de atletas poderia estar fazendo uso de substâncias proibidas levou ao desenvolvimento de um sistema cada vez mais sofisticado de exames antidoping que não só passou a desclassificar competidores durante a realização dos jogos, como também fez com que alguns deles fossem banidos temporária ou definitivamente das competições internacionais.

Por exemplo, dois casos marcantes no atletismo olímpico foram o do velocista canadense Ben Johnson e o da americana Marion Jones. Em 1988, em Seul (Coreia do Sul), Johnson foi recordista mundial nos 100 metros, mas teve sua medalha cassada depois da descoberta de que teria usado anabolizantes. Jones ganhou cinco medalhas em Sidney (Austrália), no ano 2000, mas teve de devolvê-las quando admitiu ter se dopado na competição.

Se na Antiguidade as Olimpíadas interrompiam as guerras, o mesmo não aconteceu com os Jogos Olímpicos modernos. Três deles, os de 1916, 1940 e 1944, não foram disputados em razão das duas guerras mundiais. Em praticamente todas as edições dos Jogos o espírito olímpico foi atropelado por algum tipo de questão política.

Nas Olimpíadas de 1920 (Antuérpia, Bélgica) as nações derrotadas na Primeira Guerra Mundial (Áustria, Alemanha, Hungria e Turquia) não foram convidadas, assim como também não o foram o Japão e a Alemanha, para a Olimpíada de Londres (Grã-Bretanha), em 1948. Nos jogos de 1936, em Berlim, Adolf Hitler, defensor da supremacia da raça ariana, retirou-se antes da premiação do atleta negro norte-americano Cornelius Johnson.

A lista de atropelos é enorme. Em 1952, depois de longas e inconclusivas discussões com o COI, China e Taiwan desistiram de participar dos Jogos realizados em Helsinque (Finlândia). Em 1956, por conta da Crise de Suez, Egito, Iraque e Líbano desistiram de participar dos Jogos de Melbourne (Austrália), o mesmo acontecendo com Holanda e Espanha, que protestaram contra a invasão soviética da Hungria.

As Olimpíadas de 1960, em Roma (Itália), foram as últimas na qual participou o Estado sul-africano de minoria branca, em razão dos protestos internacionais contra o regime do *apartheid*. Expulso do COI, o país só voltaria a participar em 1992, quando o regime racista caminhava para o seu final. Nesses jogos realizados na capital italiana, um ano antes da construção do Muro de Berlim, as duas Alemanhas desfilaram e competiram sob a bandeira olímpica.

A radicalização das lutas do movimento negro norte-americano teve reflexos nos Jogos do México (1968). Os atletas negros americanos Tommie Smith e John Carlos, medalhistas numa das provas de atletismo, usando luvas e boinas negras, transformaram a cerimônia de entrega das medalhas numa demonstração política. Sob os primeiros acordes do hino americano eles ergueram os punhos fechados na saudação-símbolo do movimento denominado Panteras Negras.

Os Jogos de Munique (Alemanha, 1972) ficaram marcados pela ação do grupo extremista palestino Setembro Negro, que sequestrou e matou nove atletas de Israel. Desde então, as Olimpíadas passaram a se cercar de sofisticados aparatos de segurança, isolando os atletas do público.

Na década final da Guerra Fria registraram-se os grandes movimentos de boicote. Nas Olimpíadas de Moscou, na então União Soviética (1980), os Estados Unidos lideraram um boicote de 62 países em protesto contra a invasão soviética do Afeganistão, ocorrida em 1979. Nas Olimpíadas seguintes os soviéticos e países do bloco socialista (com exceção da Romênia) boicotaram os jogos realizados em Los Angeles.

As Olimpíadas de Pequim (China), em 2008, foram também questionadas por grupos que exigiam o boicote aos Jogos. O desrespeito aos Direitos Humanos no país, as "relações especiais" da China com o Sudão (acusado de genocídio de populações na região de Darfur) e a repressão aos monges tibetanos foram as motivações dessas manifestações.

Houve ainda o temor sobre as condições atmosféricas de Pequim, lembrando que a China é o país onde se situam as cidades mais poluídas do mundo. Alguns atletas que iriam participar das provas de longa distância ameaçaram não ir a Pequim – poucos deles não foram mesmo – por conta de temerem ser prejudicados pelas condições atmosféricas que poderiam encontrar nos dias das provas.

Nos Jogos de Londres, o maior temor era o de um possível ataque terrorista em algum dos palcos onde seriam realizados os eventos esportivos. Essa possibilidade não foi descartada pelos órgãos de segurança do Brasil e do exterior em relação às disputas no Rio de Janeiro.

Além da questão de segurança das delegações e de chefes de Estado presentes, algumas organizações e pessoas no Brasil e no exterior chegaram a aventar a hipótese de que obras de infraestruturas esportivas só estariam aptas para uso em cima da hora e que testes finais de uso não seriam realizados antes das disputas. Ademais, chamavam a atenção para a situação de violência na cidade, a crise econômica e a instabilidade política – um presidente interino e uma presidente afastada, ainda não definitivamente –, situações que poderiam prejudicar e contaminar o ambiente dos jogos.

Além disso, cerca de dois meses antes do início dos Jogos Olímpicos, um documento assinado por mais de duas centenas de pesquisadores de 35 países foi enviado à Organização Mundial da Saúde (OMS). Nele pediam que os jogos fossem adiados ou transferidos de local por conta da epidemia da zika. Em resposta ao pedido, tanto a OMS quanto o COI resolveram não acatar o pedido, justificando que a competição não traria impactos significativos na disseminação dos vírus. Apesar de alguns problemas, os Jogos Olímpicos do Rio de Janeiro foram considerados pelo COI um grande sucesso, embora o legado deles continue sendo objeto de grandes polêmicas.

> "Que a alegria e o companheirismo reinem e, dessa maneira, que a tocha Olímpica siga através dos tempos, promovendo a amizade entre os povos para o bem de uma humanidade cada vez mais entusiasmada, corajosa e pura." As palavras de Pierre de Coubertin nunca pareceram tão fora de lugar.

Sobre países, esportes, medalhas e mascotes

Um dos aspectos que chamam a atenção nos Jogos Olímpicos é o número de países participantes. Nas Olimpíadas do Rio, são esperados 206 países, sendo que a ONU apenas reconhece 194. Essa diferença é explicada pelo fato de que alguns deles não possuem o pleno reconhecimento diplomático da comunidade internacional, como são, por exemplo, os casos de Kosovo e Palestina. Outros participam com *status* de países, embora sejam possessões semicoloniais, como são os casos de Ilhas Cayman, Ilhas Virgens (inglesa) e Porto Rico.

As primeiras Olimpíadas da Era Moderna tiveram poucos países participantes, já que a imensa maioria dos atuais países africanos, asiáticos, da Oceania e da América Central insular eram, naquelas ocasiões, colônias de países europeus. Contudo, os jogos disputados após a Segunda Guerra Mundial tiveram um número crescente de países participantes, fruto do processo de independência que atingiu especialmente o continente africano.

Chama a atenção o fato de que, na última década do século XX, houve um aumento expressivo do número de países participantes em decorrência principalmente da desintegração da antiga União Soviética – que resultou na criação de 15 novos países – e da Iugoslávia socialista, que deu origem a mais seis.

Fonte: Jornal *Mundo – Geografia e Política Internacional*, ano 24, nº 4 (suplemento H&C), p. 4.

Fonte: Jornal *Mundo – Geografia e Política Internacional*, ano 24, nº 4 (suplemento H&C), p. 4.

Países que se destacam em alguns esportes

Uma das corridas mais tradicionais do mundo é a de São Silvestre, que acontece no Brasil, sempre no último dia do ano. Em inúmeras oportunidades, especialmente nas últimas duas décadas e em várias oportunidades, os vencedores tanto da prova masculina quanto da feminina foram atletas originários do Quênia.

Os esportistas desse país da África Oriental têm se notabilizado nas provas de médias e longas distâncias em todo o mundo. Em termos olímpicos, o Quênia já conquistou até agora no atletismo 79 medalhas, sendo 24 de ouro, 31 de prata e 24 de bronze. Em termos comparativos, o Brasil até hoje abocanhou apenas 14 medalhas.

O que explica esse sucesso? Não existe uma única fórmula para um país se transformar numa verdadeira potência em um determinado esporte. Na verdade, a explicação é dada por uma combinação de fatores favoráveis, como a genética, a tradição, incentivos monetários, ideias inovadoras e até em aspectos da natureza do país.

No caso queniano, a maioria dos seus principais atletas – cerca de 80% – é originária da tribo Kalenjin, uma das diversas das etnias que compõem o país. Esse grupo vive em regiões cuja altitude está acima de 2.000 metros, na área do Planalto dos Grandes Lagos africanos. Além da predisposição natural, a chance de ascensão social num país muito pobre exerce uma enorme influência. Condições mais ou menos semelhantes acontecem na vizinha Etiópia, grande rival do Quênia, que já conquistou 45 medalhas no atletismo.

Guardadas as devidas proporções, ocorrem casos similares com a China na modalidade de tênis de mesa, com a Rússia na ginástica rítmica e até com a Jamaica nas provas de atletismo de curta distância. Basta lembrar o caso de Usain Bolt, que conquistou três medalhas de ouro (nove na carreira) no Rio, confirmando seu título de "o homem mais rápido do mundo".

As Olimpíadas e seus mascotes

Os mascotes criados pelos países que sediam uma Olimpíada foram utilizados pela primeira vez nos jogos de Munique (Alemanha, 1972), como uma forma mais descontraída de ver os jogos e também visando atrair a atenção das crianças, o que poderia ser um estímulo para que despertassem nelas a prática de esportes olímpicos. Na maior parte das vezes, os mascotes representam elementos simbólicos da fauna e flora de um país, com destaque para as cores e outros símbolos presentes nas bandeiras desses países.

O primeiro mascote olímpico foi um pequeno cão chamado Wald, de uma raça canina muito popular na região da Baviera, onde se situa a cidade de Munique. Uma curiosidade: o trajeto da prova da maratona foi idealizado seguindo as formas desse cão.

Depois do cãozinho alemão, alguns outros mascotes tiveram sucesso, como o tigre Hadori (Seul, 1988), animal que aparece frequentemente na arte popular e nas lendas coreanas. Sam, a águia, foi o mascote dos jogos de Los Angeles (1994), que, embora usasse um animal símbolo dos Estados Unidos, fazia lembrar o "Tio Sam", considerado por muitos uma marca registrada do imperialismo norte-americano. Talvez por se realizar na cidade chamada de "Meca" do cinema, o mascote foi produzido por um artista dos estúdios Walt Disney.

Contudo, o mascote mais famoso foi, sem dúvida, o ursinho Misha, símbolo das Olimpíadas de Moscou (1980). Ele entrou para a história quando, na cerimônia de encerramento dos jogos, derramou uma lágrima num mosaico feito por espectadores, num dos setores do estádio.

© Yasuyoshi Chiba/AFP

Vinícius e Tom, mascotes dos jogos olímpicos Rio-2016.

Os mascotes criados para os jogos do Rio foram Vinícius, símbolo das Olímpiadas, e Tom, figura criada para identificar as Paralimpíadas. Os nomes escolhidos expressam uma homenagem a dois dos maiores compositores populares do Brasil, Vinicius de Moraes (1913-1980) e Tom Jobim (1927-1994).

Segundo o COB, Vinícius e Tom foram "inspirados na fauna e flora brasileiras e sofreram influências da cultura *pop*, elementos de animação e personagens de *videogames*". Ainda segundo o COB, as figuras dos mascotes "misturam ficção e realidade e expressam a alegria dos brasileiros e de sua natureza quando, em 2009, o Rio foi escolhido como sede olímpica".

O poder feminino nas Olimpíadas

Na primeira Olimpíada (Atenas, 1896), as mulheres participaram apenas como espectadoras, porém uma atleta grega realizou o percurso da maratona fora do estádio no dia seguinte à prova masculina, desafiando a proibição feminina das modalidades olímpicas. O resultado da atleta – superior ao de muitos homens – não foi reconhecido, mas sua determinação deu início à gradual inserção das mulheres nos esportes olímpicos.

Nos jogos seguintes (Paris, 1900), devido a uma série de fatores ligados à falta de organização do COI, permitiu-se a participação não oficial de mulheres em algumas provas, como o golfe e o tênis, esportes considerados, naquela época, mais adequados de serem praticados pelo sexo feminino.

Nas Olimpíadas seguintes, o número de esportes praticados pelas mulheres aumentou, mas o COI não aceitava a participação feminina como oficial, o que levou a francesa Alice Melliat a fundar, em 1917, a Federação Esportiva Feminina Internacional (FEFI), que organizou os jogos olímpicos femininos em 1922, 1926, 1930 e 1934. Dado o sucesso alcançado por esses jogos, o COI determinou a integração das mulheres nas Olimpíadas, fato que efetivamente ocorreu nas Olimpíadas de Berlim (1936).

O Barão Pierre de Coubertin, fundador do Comitê Olímpico Internacional, chegou a afirmar que as mulheres tinham apenas um papel: "coroar os homens vencedores". Mas o percentual de países que enviaram atletas do sexo feminino só aumentou ao longo do tempo: passou para 2% em Paris (1900), chegou a 9% nas Olimpíadas de Londres (1908), a 45% nas Olimpíadas de Antuérpia (1920), a 54% em Amsterdã (1928), a 70% em Montreal (1976), a 85% em Atlanta (1996), a 96% em Pequim (2008) e finalmente chegou a 100% em Londres (2012).

Nas Olimpíadas de Londres (2012), a pressão do governo inglês e do Comitê Olímpico Internacional fez com que, pela primeira vez na história dos jogos, todos os países participantes enviassem mulheres em suas delegações. Algumas delas, representando países muçulmanos, participaram das disputas usando trajes que cobriam quase todo o corpo.

Atualmente, embora falte pouco, o percentual de mulheres ainda não atingiu a paridade. Entre as duas primeiras décadas do século XX, o percentual de atletas do sexo feminino no total de esportistas dos jogos variou entre 1% e 2%; subiu para 10% em 1920, atingiu 21% em 1976, 34% em 1996, chegou a 42% em Pequim (2008) e alcançou 44% em Londres. Nas Olimpíadas da capital britânica as delegações dos Estados Unidos e da China tinham mais mulheres do que homens e elas foram fundamentais para que os dois países estivessem no topo do quadro de medalhas.

América Latina: variações sobre um conceito

O conceito de América Latina foi provavelmente usado pela primeira vez na virada da primeira para a segunda metade do século XIX, por intelectuais hispânico-americanos. Naquela época eles justificavam o uso desse conceito argumentando que, apesar da grande fragmentação política da América Espanhola em quase duas dezenas de países, havia uma identidade latino-americana comum, que se sobrepunha aos nacionalismos locais e regionais.

Intelectuais franceses argumentavam que haveria afinidades culturais e linguísticas entre todos os povos latinos e a França funcionaria como inspiração e, naturalmente, exerceria a liderança sobre eles. Os franceses ainda tentavam passar a imagem de que seriam uma espécie de anteparo diante da influência e dominação anglo-saxã.

É interessante notar que tanto os intelectuais hispânicos quanto os franceses não incluíam o Brasil como parte integrante da América Latina. Intelectuais e diplomatas do Império do Brasil também nunca se identificaram com a América Latina. Em suma, naquela época, o conceito de América Latina não só não incluía o Brasil como também não abrangia os Estados Unidos, considerados uma "outra América".

A grande maioria dos brasileiros durante a Primeira República tinha uma visão bem negativa em relação à América Espanhola. Políticos hispano-americanos, com destaque para Simon Bolívar, alimentavam a ideia de uma confederação de repúblicas americanas formando uma só nação. Em 1824, quando Bolívar convidou representantes de todos os governos da América para o Congresso do Panamá, de início, não estendeu o convite aos Estados Unidos e ao Brasil.

Durante todo o século XIX, os governos das repúblicas hispano-americanas mantiveram suas desconfianças para com o Brasil imperial, aquele seu vizinho lusófono que ocupava metade do território da América do Sul. Afora essas características, o Brasil pertencia ao mundo Atlântico, e suas principais ligações políticas e econômicas eram com a Grã-Bretanha, embora suas ligações culturais fossem bem mais intensas com a França.

Já as ligações do Brasil com as repúblicas vizinhas eram muito limitadas, com exceção da região do Rio da Prata, onde o Brasil tinha interesses geopolíticos e econômicos e participou de três conflitos entre 1823 e 1870. Foi nesse contexto que o Brasil optou em estreitar as relações com os Estados Unidos, país em ascensão e com nítidas pretensões de se tornar uma potência de primeira grandeza.

Os governos da América Espanhola condenavam a expansão territorial norte-americana e suas contínuas intervenções no México, na América Central e no Caribe e reagiam com desconfiança à tentativa de os Estados Unidos se firmarem como potência hegemônica no Hemisfério Ocidental por meio da ideia do pan-americanismo. Já a diplomacia brasileira abstinha-se em criticar a política externa dos Estados Unidos.

Em 1917, quando a Primeira Guerra Mundial se encaminhava para seu final, só o Brasil, dentre todas as repúblicas importantes da América Latina, decidiu apoiar os Estados Unidos contra a Tríplice Aliança (impérios alemão, austro-húngaro e otomano).

Ao longo da década de 1930, enquanto se estreitavam ainda mais as relações Brasil-Estados Unidos, o relacionamento com os países hispano-americanos foi apenas "burocrático". A única exceção foi a presença diplomática brasileira nas questões referentes ao conflito entre Paraguai e Bolívia (Guerra do Chaco) e uma disputa fronteiriça entre Colômbia e Peru (Conflito de Letícia).

Durante a Segunda Guerra Mundial, o Brasil foi o mais importante parceiro latino-americano no Hemisfério Ocidental – e o único país da região a enviar tropas para lutar na Europa –, consolidando ainda mais a parceria estratégica com os Estados Unidos.

Todavia, no pós-Segunda Guerra, o Brasil mostrou-se decepcionado com o tratamento que lhe foi dado pelos Estados Unidos, que não mais o diferenciavam em relação aos demais países da América Latina. Talvez isso tenha contribuído, pelo menos parcialmente, para que o Brasil passasse a adotar uma política externa mais independente. Essa postura ganhou maior vigor durante os governos dos presidentes Jânio Quadros e João Goulart e teve continuidade durante os governos militares dos generais Emílio Médici e Ernesto Geisel.

Em contrapartida, a partir da década de 1960, passou a ocorrer um maior intercâmbio entre intelectuais, escritores, artistas e acadêmicos da América Espanhola e o Brasil. Alguns brasileiros, principalmente ligados a grupos de esquerda, passaram a se identificar com a América Latina.

A relação do Brasil com seus vizinhos mais próximos, especialmente a Argentina, melhorou significativamente na década de 1980, após a democratização dos dois países. As relações se estreitaram ainda mais com a criação, em 1991, do Mercosul, que originalmente englobou, além do Brasil e Argentina, o Uruguai e Paraguai e, cerca de vinte anos mais tarde, a Venezuela.

Desde a década de 1990, a diplomacia brasileira tem colocado como prioridade aprofundar os laços com sua vizinhança próxima, ou seja, a América do Sul. Isso ficou ainda mais evidente quando, em 2008, foi criada a União das Nações Sul-Americanas (Unasul), em cúpula realizada em Brasília.

Durante décadas vigorou a ideia de que, para onde caminhasse o Brasil, o conjunto da América Latina seguiria. Nessa época o Brasil, de maneira um pouco "envergonhada", refutava essa condição. Mas, nas últimas duas décadas, o país de certa forma declinou dessa pretensão de liderança, especialmente após seu afastamento físico e diplomático da América Central, Caribe e México. Deve-se ressaltar que nessas áreas historicamente sempre foi muito grande a influência geopolítica dos Estados Unidos.

A perda de influência ideológica de Cuba, após o fim da União Soviética, abriu caminho para o aumento da importância da Venezuela, especialmente a partir da eleição de Hugo Chávez, que passou a exercer o papel que antes havia pertencido aos cubanos. A ideologia de Chávez, denominada "socialismo do século XXI", passou a ser referência para vários países da América do Sul, como a Bolívia, o Equador e a Argentina, e por vezes a Venezuela "peitou" certas ações diplomáticas brasileiras obtendo apoio junto a países com regimes ditos "bolivarianos", agrupados na Aliança Bolivariana das Américas (Alba).

Criada em dezembro de 2004, por iniciativa da Venezuela comandada por Hugo Chávez, com o decisivo apoio do regime castrista de Cuba, a Alba surgiu em oposição à Área de Livre Comércio das Américas (Alca), proposta pelos Estados Unidos.

Graças a empréstimos e subsídios concedidos em condições generosas, possibilitados pelos petrodólares, Chávez deu início a uma política inicialmente bem-sucedida de capturar o apoio de governos latino-americanos de inclinação populista, como a Argentina dos Kirchner, a Bolívia de Evo Morales, a Nicarágua de Daniel Ortega e o Equador de Rafael Correa, com o objetivo de construir o que se denominou "socialismo do século XXI", baseado nas relações de cooperação e solidariedade entre os países-membros. Além dos países citados, se incorporaram à Alba, entre 2008 e 2009, três países das Pequenas Antilhas: Dominica, Antígua e Barbuda e São Vicente e Granadinas.

Paradoxalmente, o funcionamento da cooperação pretendida dependia dos recursos possibilitados pelo mais capitalista de todos os comércios: o do petróleo. Os destinos da Alba nasceram indissoluvelmente ligados ao preço do barril do "ouro negro", do qual os Estados Unidos eram os principais compradores.

As relações com o Brasil – a principal economia latino-americana – constituem outro fator limitante da Alba. Embora os governos Lula e Dilma nutrissem, a princí-

Fonte: *Jornal Mundo – Geografia e Política Internacional*, ano 24, nº 2, p. 6 e 7.

Principais agrupamentos político-econômicos da América Latina.

pio, simpatia para com o "chavismo", interesses econômicos e geopolíticos separaram radicalmente as perspectivas. O Brasil aposta, ainda que de forma hesitante, em seu papel como potência regional hegemônica na América do Sul, estratégia geopolítica bem dissociada de uma perspectiva "socialista" ou mesmo "bolivariana".

A morte de Hugo Chávez, em março de 2013, combinada à grande baixa nos preços do barril de petróleo, nos anos seguintes, trouxe enormes problemas e incertezas para a governança da Venezuela, que passou a viver uma dramática crise interna. Somaram-se a isso a derrota eleitoral da "aliada" Cristina Kirchner na Argentina e a aproximação diplomática entre os Estados Unidos e Cuba, como fatores que tornaram a Alba praticamente irrelevante na América Latina.

Olhares sobre o Brasil

Representação sem rigor cartográfico.

Propostas de redivisão federal do Brasil

Quando se observa um planisfério político, um elemento que se destaca é o número de países – quase duzentos – que fazem parte e são reconhecidos como tal pela comunidade internacional. Mas, na imensa maioria das vezes, esses planisférios não identificam as divisões internas de cada um desses países. Essas parcelas em que se dividem os territórios nacionais recebem variadas denominações, como estados, províncias, cantões, municipalidades etc. O número de divisões político-administrativas é resultado da combinação da evolução histórica de cada país e dos embates entre as forças geopolíticas ligadas ao fortalecimento de um poder mais centralizador e aquelas que lutam por uma maior autonomia das unidades regionais que compõem um determinado território nacional.

Tomando como exemplo o Brasil, o país só adotou o modelo federalista após a proclamação da República, quando se suprimiu o Estado imperial, que era centralista e unitário. Nesse processo, as províncias se tornaram estados e ganharam autonomia política, já que seus governadores passa-ram a ser escolhidos por eleições, criaram-se Assembleias Legislativas e cada um deles pôde elaborar suas próprias constituições.

Esse modelo passou por importantes transformações ao longo do tempo. Assim, durante o período do Estado Novo (1937--1945), a autonomia dos estados praticamente desapareceu. Todavia, com a volta da democracia, em 1946, os direitos dos estados foram restabelecidos. Em seguida, houve um novo período de centralização política durante os governos militares (1964-1984). Com o retorno da democracia, foi elaborada uma nova Constituição, em 1988, que tentou reequilibrar o pacto federativo.

Do ponto de vista territorial, a Constituição de 1988 definiu uma divisão político-administrativa composta de 27 Unidades Federativas (UF), sendo 26 estados e um Distrito Federal (DF), onde se situa Brasília. Confirmou também que cada uma das UF, à exceção do Distrito Federal, abrigaria um número variável de "entidades" administrativas menores, os municípios. A última modificação em termos de UF ocorreu com a criação do estado de Tocantins, desmembrado de Goiás, ainda em 1988. Por outro lado, o número de municípios cresceu expressivamente, sendo que atualmente ultrapassa 5,5 mil.

Não existem razões para que não se façam periodicamente revisões da divisão político-administrativa, na medida em que as realidades demográficas e econômicas se impõem por conta de seu grande dinamismo. Essas revisões periódicas são importantes especialmente em países que, como o Brasil, apresentam grande extensão territorial, densidades demográficas relativamente baixas e expressivas áreas que vêm sofrendo um intenso processo de ocupação humana e valorização econômica, como são os casos de estados das regiões Centro-Oeste e Norte. Não há dúvida também de que todas as vezes que se fazem novas propostas elas são objeto de intensas polêmicas, como ficou evidenciado no caso da tentativa de criação dos estados de Tapajós e Carajás, que seriam desmembrados do Pará.

Nas últimas décadas surgiram numerosas propostas de divisão das UF e de municípios, mas quase sempre elas foram elaboradas por parlamentares que invariavelmente não levavam em conta os aspectos técnicos e científicos que embasavam a divisão, mas sim intenções políticas oportunistas.

Recentemente, o geógrafo José Donizete Cazzolato publicou o livro *Novos estados e a divisão territorial do Brasil:* uma visão geográfica (Oficina de Textos, São Paulo, 2011), no qual faz um estudo detalhado das propostas que nos últimos anos têm circulado no Congresso Nacional. Ele defende a ideia de que uma nova divisão territorial do Brasil é necessária, mas ressalta que os critérios dessa divisão devam ser geográficos, identitários, econômicos e políticos, e não objeto de oportunismo. Com base nessas ideias, o autor desenvolve uma ousada e polêmica proposta tanto pela quantidade de mudanças quanto pelo volume do efetivo demográfico afetado.

Assim, duas grandes mudanças espaciais são propostas pelo autor. A primeira delas seria a de aumentar as UF de 27 para 37. Os estados que teriam parcelas de seus territórios amputados para o surgimento de novas UF seriam Amazonas, Pará, Mato Grosso, Bahia, Pernambuco, Piauí, Goiás, Minas Gerais e São Paulo. Além disso, os atuais estados de Roraima e Amapá voltariam à condição de territórios, sob o controle direto do governo federal.

A segunda grande mudança seria em relação a uma nova divisão macrorregional do país, que passaria de cinco para seis. Haveria a criação da região Noroeste, que englobaria os estados do Amazonas, Rondônia, Acre, Roraima e o novo estado de Solimões (SO) – capital Tabatinga –, desmembrado do território amazonense. A nova região Norte compreenderia os estados do Pará, Amapá, Tocantins, Maranhão,

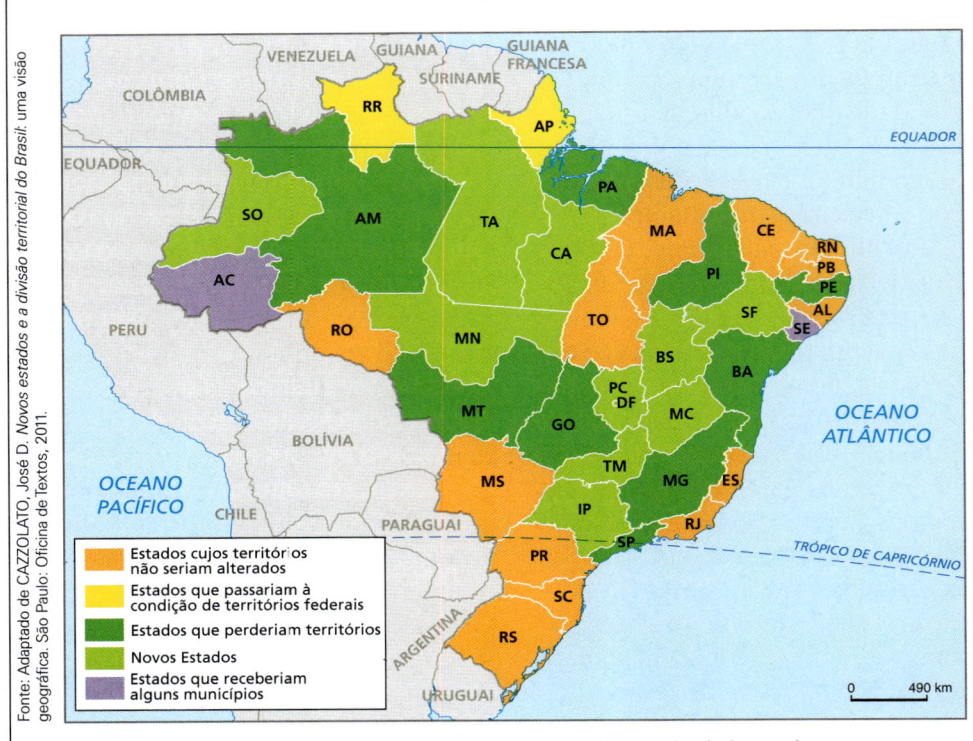

Fonte: Adaptado de CAZZOLATO, José D. *Novos estados e a divisão territorial do Brasil*: uma visão geográfica. São Paulo: Oficina de Textos, 2011.

Legenda do mapa:
- Estados cujos territórios não seriam alterados
- Estados que passariam à condição de territórios federais
- Estados que perderiam territórios
- Novos Estados
- Estados que receberiam alguns municípios

Brasil: proposta de uma nova divisão político-administrativa.

mais os novos estados de Tapajós (TA) – capital Santarém – e Carajás (CA) – capital Marabá. Deve-se salientar que o livro de Cazzolato foi publicado antes do resultado do plebiscito realizado em 2011, no qual a maioria da população paraense votou pela não divisão do estado.

A atual região Nordeste passaria por importantes rearranjos internos com a criação dos novos estados de Barreiras (BS) – capital Barreiras – e São Francisco (SF) – capital Petrolina –, desmembrados respectivamente da Bahia e de Pernambuco. Além disso, o Nordeste perderia o Maranhão para a região Norte e a porção centro-oriental da Bahia, sendo que esta última área passaria a integrar a nova macrorregião Centro-Leste, que englobaria também todo o Espírito Santo e o Rio de Janeiro.

O atual estado de Minas Gerais – também integrante da região Centro-Leste – ficaria fragmentado territorialmente em três unidades político-administrativas: Minas Gerais, Montes Claros (MC) e Triângulo Mineiro (TM).

A região Centro-Oeste passaria a ter dois novos estados.

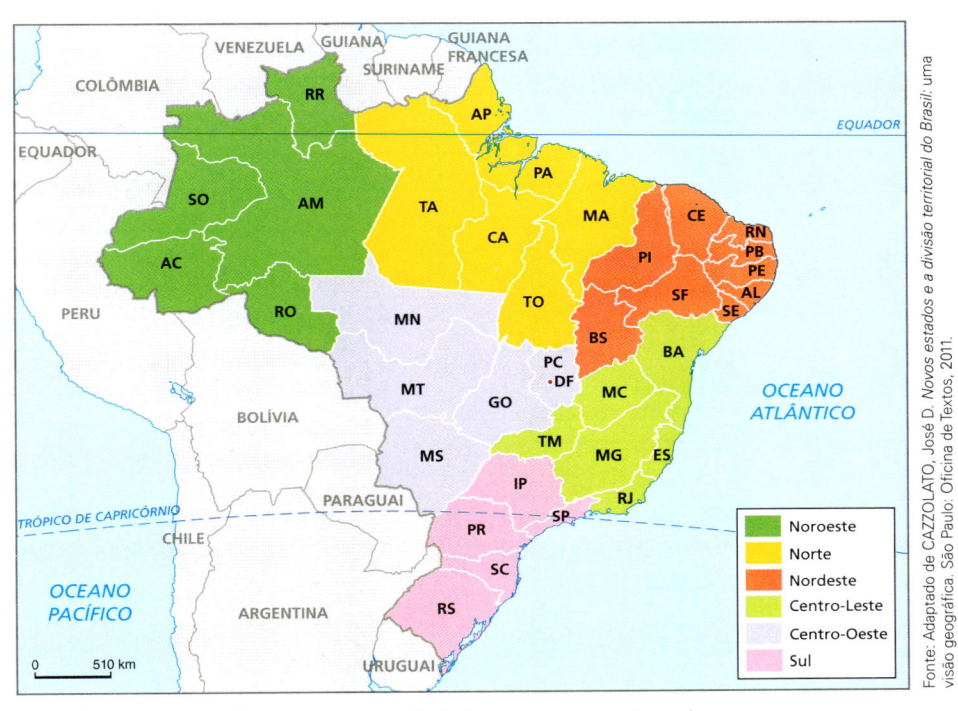

Brasil: proposta de uma nova divisão macrorregional.

Um deles, Mato Grosso do Norte (MN) – capital Sinop –, surgiria do desmembramento da porção setentrional do atual estado de Mato Grosso; o outro seria o do Planalto Central (PC) – capital Brasília –, que resultaria da incorporação de municípios pertencentes a Goiás, Minas Gerais e de áreas do DF, que ficaria restrito à parte mais central de Brasília.

Por fim, a macrorregião Sul envolveria os três atuais estados da região – Rio Grande do Sul, Santa Catarina e Paraná – sem alterações territoriais, mais o estado de São Paulo e o novo estado do Interior Paulista (IP), tendo Campinas como sua capital.

Entre as várias preocupações do autor chama a atenção o fato de que as propostas tentem suavizar, até onde for possível, as disparidades territoriais e demográficas hoje existentes. Com razão, Cazzolato afirma que "estruturas territoriais com pequenas diferenças entre grandes e pequenas facilitam condições para uma efetiva autonomia", mas ressalta que sempre haverá porções territoriais de diferentes tamanhos, porém sua ocorrência no conjunto federativo deve ser a exceção e não a regra.

Novos rumos do Centro-Oeste brasileiro

Nas últimas cinco décadas, o território brasileiro passou por grandes transformações, combinando a interiorização da economia, da população, um intenso processo de metropolização e a formação de novas centralidades urbanas. A interiorização do desenvolvimento brasileiro é um dos mais importantes movimentos de reorganização do território, contribuindo para a gradativa desconcentração regional da economia. Um exemplo disso é o que vem acontecendo no Centro-Oeste, especialmente nas regiões de cerrado e de matas do norte de Mato Grosso, locais por excelência da expansão da moderna agropecuária em áreas de frentes pioneiras. A região tem sido o berço da maior revolução agropecuária do mundo nas últimas décadas.

O Centro-Oeste é a segunda maior região brasileira e ocupa quase 19% do território nacional. A população da região sempre cresceu em números absolutos, mas seu ritmo acelerou após 1950. Atualmente seu efetivo demográfico é de aproximadamente 15 milhões de habitantes, sendo, no entanto, a menos populosa do país. No que se refere à geração de riquezas, a região contribuiu com cerca de 10% do PIB nacional. Nas últimas duas décadas o ritmo de crescimento do PIB da região tem sido superior ao da média do país e ela tem se destacado como o núcleo mais dinâmico do agronegócio do Brasil.

Os grandes investimentos feitos pelo governo federal em obras de infraestrutura nas décadas de 1970, 1980 e 1990 e os avanços das técnicas agrícolas desenvolvidas pela Empresa Brasileira de Pesquisas Agropecuárias (Embrapa) viabilizaram o aproveitamento do grande potencial agrícola do bioma cerrado, criando o ambiente favorável para a expansão da agropecuária em áreas de baixa densidade demográfica e terras baratas ocupadas por agricultores empreendedores e com capacitação técnica.

A partir dos anos 1980, o Centro-Oeste foi gradativamente se consolidando como área produtora de produtos primários para o abastecimento interno e para exportação, sendo a maior região produtora de grãos e possuindo o maior rebanho bovino do país. Inicialmente, o desenvolvimento das atividades agropecuárias ocorreu com base no binômio soja-boi. Com o tempo houve a intensificação e diversificação agrícola com o crescimento da produção de milho, arroz, algodão, café, cana-de-açúcar e eucalipto. Ocorreram também grandes avanços na pecuária leiteira, suinicultura e avicultura. Atualmente, mais de uma dezena de atividades disputam o uso da terra, formando um sistema integrado de produção de alimentos, rações, fibras e bioenergia com alto nível de integração agroindustrial.

Apesar dos resultados econômicos auspiciosos, ocorreram desdobramentos negativos, como as questões envolvendo cumprimento das leis de demarcação de terras indígenas e o acirramento dos conflitos por sua posse entre proprietários, grileiros e posseiros. Ressalte-se também que o intenso e rápido processo de ocupação e valorização econômica do espaço regional vem causando grandes danos ao meio ambiente.

Três grandes domínios naturais abrangem mais de 90% do território regional: o dos cerrados, as formações florestais – com destaque para as florestas úmidas encontradas na porção norte de Mato Grosso – e o Pantanal. Como a vegetação original foi reduzida drasticamente por força da ação do homem, o que encontramos nos dias atuais são sistemas ambientais naturais onde a ação antrópica não ocorreu ou ainda é de pequena monta e aqueles nos quais o meio ambiente foi profundamente alterado.

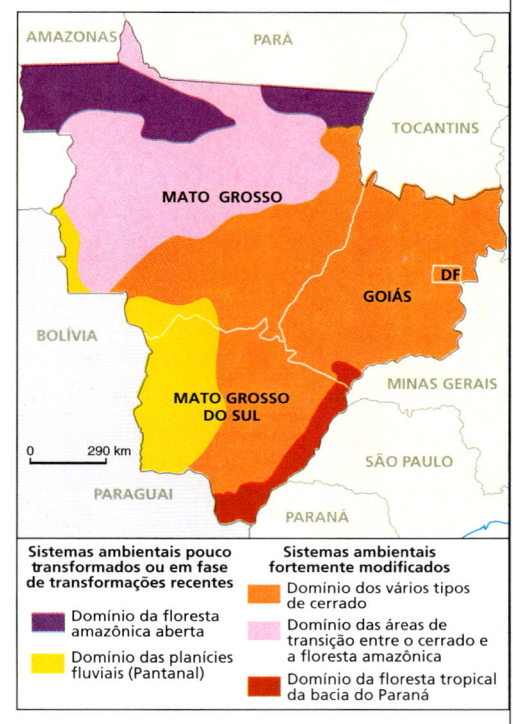

Fonte: Adaptado de ROSS, Jurandyr L. *Ecogeografia do Brasil*: subsídios para planejamento ambiental. São Paulo: Oficina de Textos, 2006. p. 8.

Sistemas ambientais naturais e a ação antrópica.

A ação antrópica afetou as áreas com vegetação florestal – matas ciliares e floresta amazônica –, além de trechos do Pantanal, mas impactou sobremaneira as áreas recobertas por cerrados, formação vegetal mais extensa e característica da região. Durante muito tempo acreditou-se que as terras do cerrado eram impróprias para o uso agrícola, pelo fato de o seu solo ser muito ácido e pobre em nutrientes, o que dificultava o desenvolvimento das plantas.

Com a descoberta e a aplicação da técnica de calagem, que consiste em adicionar calcário para reduzir sua acidez, os solos do cerrado passaram a ser utilizados intensivamente para a produção de grãos, especialmente soja, arroz e milho. Por isso, atualmente as tradicionais fazendas de criação de gado convivem, em áreas do cerrado, com modernas empresas rurais dedicadas à agricultura.

As terras recobertas pelo cerrado tiveram uma valorização econômica bem peculiar, pois foram ocupadas por pecuaristas e agricultores oriundos do Sul do Brasil, mais afeitos à agricultura mecanizada e ao uso intensivo de insumos agrícolas, como herbicidas, pesticidas e adubos, produtos que podem causar graves impactos aos recursos hídricos superficiais e subterrâneos.

Atualmente, mais de três quartos das áreas de cerrado do Centro-Oeste já funcionam como pastagens plantadas ou são dedicadas à agricultura altamente mecanizada. As antigas áreas de pecuária extensiva e de pequena agricultura comercial e de subsistência foram praticamente substituídas pela moderna pecuária e por extensas áreas de monoculturas, nas quais o uso de avançadas técnicas agrícolas colocou o Brasil entre os maiores produtores mundiais de grãos, especialmente a soja. A região é responsável por mais de 60% da produção nacional dessa oleaginosa, com destaque para Mato Grosso, que produz quase 30% da produção nacional e algo como 9% da mundial, com expectativa de alto crescimento para os próximos anos.

A enorme importância brasileira no setor foi alcançada pela combinação entre condições naturais favoráveis (clima, água, relevo e solos), uso intensivo de modernas tecnologias, terras disponíveis para cultivo, inclusive as resultantes de recuperação de áreas de pastagem degradadas. Recentemente, a derrubada da floresta deixou de ser o principal vetor da expansão das plantações de soja, sendo substituído pelo uso de terras degradadas. Estima-se que o Brasil disponha de 60 milhões de hectares de terras degradadas que poderiam ser usadas pela agricultura. Nenhum dos outros grandes produtores mundiais têm o mesmo potencial em extensão de terras para uso agrícola.

É voz corrente entre os empresários do agronegócio que a produção agropecuária poderia ser ainda maior caso houvessem sido resolvidos ou equacionados alguns dos principais "gargalos", especialmente os ligados à precária e irracional logística de escoamento da produção – cerca de 60% do milho e da soja produzidos na região são exportados pelo porto de Santos – e os sistemas de armazenamento das safras.

A Bacia Platina e as relações Brasil-Argentina

A bacia do Prata ou Platina, área drenada pelos rios Paraná, Paraguai e Uruguai, é um dos principais conjuntos fluviais do mundo e o segundo maior da América do Sul, superado apenas pela bacia Amazônica. Com mais de 2,5 milhões de km², ocupa cerca de 20% do território sul-americano e abrange, além do Brasil, áreas de outros quatro países da América do Sul: Argentina, Paraguai, Uruguai e, em escala bem mais reduzida, a Bolívia. Este último país, dadas as suas condições histórico-geográficas, é considerado tradicionalmente um país andino.

Os três principais cursos fluviais formadores da bacia nascem em território brasileiro. O eixo principal da bacia tem, grosseiramente, sentido norte-sul, e as águas de todo o conjunto convergem para o Atlântico, desaguando no estuário do Prata, entre Buenos Aires e Montevidéu. Os territórios de Brasil e Argentina, os dois mais extensos países do conjunto, abrigam cerca de 70% da superfície total da bacia.

As amplas áreas da Bacia Platina compreendem quatro domínios morfoclimáticos, além de áreas de transição entre eles. No alto vale do rio Paraguai e em algumas áreas do curso superior dos rios formadores do Paraná, especialmente o centro-oeste de São Paulo, localiza-se o domínio dos mares de morros, originariamente recobertos pela floresta tropical, hoje quase totalmente devastada pela intensa e desregrada ocupação humana.

Porções do médio vale do rio Paraná e do curso superior do rio Uruguai apresentam-se como o domínio dos planaltos subtropicais recobertos originalmente por matas de araucária, hoje quase totalmente devastadas. Por fim, em áreas do baixo curso do Paraná e do médio e baixo vales do Uruguai, aparecem as pradarias subtropicais e temperadas, conhecidas genericamente como Pampas. Dentre as extensas áreas de transição que separam os vários domínios, destaca-se o Pantanal Mato-grossense, cujo prolongamento para as porções setentrional da Argentina, ocidental do Paraguai e meridional da Bolívia forma a região conhecida como Chaco.

Os espaços mais densamente povoados dos países platinos situam-se em áreas que fazem parte da bacia ou então em suas proximidades. É o caso das capitais políticas e das maiores cidades da Argentina (Buenos Aires, Rosário e Córdoba), do Uruguai (Montevidéu), do Paraguai (Assunção) e do Brasil (São Paulo, Brasília, Rio de Janeiro e Belo Horizonte).

Do ponto de vista econômico, as regiões mais dinâmicas desses quatro países também se localizam em áreas da bacia, como é o caso do Pampa argentino (onde se situa Buenos Aires), que concentra aproximadamente 75% de toda a atividade econômica do país. No Brasil, as regiões platinas correspondem a parcelas consideráveis do Centro-Sul do país, onde são gerados aproximadamente dois terços da riqueza nacional.

Rivalidade e cooperação

Durante muito tempo, as áreas da bacia Platina foram focos de tensão geopolítica. Na época colonial, essa região foi palco dos interesses geopolíticos antagônicos de portugueses e espanhóis. A partir do século XIX, as tensões passaram a ser entre os novos Estados independentes, cujas fronteiras políticas não se encontravam totalmente reconhecidas.

Especialmente Brasil e Argentina viveram fases de conturbado relacionamento político e diplomático, em função dos mitos de hegemonia regional que ambos desenvolveram. Os mitos argentinos estavam baseados em ideologias de caráter racial. A grande onda migratória da segunda metade do século XIX fez efetivamente desaparecer a base mestiça (e ameríndia) da população do Pampa argentino.

Valorizando e alardeando a condição de país eminentemente formado por populações brancas, setores significativos da elite argentina desenvolveram ideias de superioridade civilizacional diante de seus vizinhos sul-americanos. Julgavam os líderes argentinos que apenas um país com essas características étnicas poderia dialogar de igual para igual com as potências "brancas" da Europa e com os Estados Unidos.

Por seu turno, os mitos brasileiros tinham como referência a grandeza, riqueza e potencialidade do território. Um país de rios imensos, florestas fantásticas e tamanho colossal só poderia ter um destino semelhante aos seus atributos físicos.

Recentemente, as bases do relacionamento entre Brasil e Argentina foram reconstruídas, com ênfase na cooperação. A crise econômica dos anos 1980 – a chamada "década perdida" da América Latina – e a globalização da economia mundial condicionaram mudanças nas posturas diplomáticas dos dois países. Não há dúvida também de que a redemocratização, expressa nas eleições presidenciais de 1983 na Argentina e pela volta dos civis ao poder no Brasil, em 1984, foi mais um fator a impulsionar esse processo.

Começaram aí a ser lançadas as sementes que germinariam alguns anos depois, em 1991, quando, pelo Tratado de Assunção, foi criado o Mercosul. Estariam os rios da bacia Platina deixando de ser os rios da discórdia e passando a ser os rios da cooperação?

Elaborado pelo autor.

A região da bacia Platina.

Amazônia: desmatamento e novas formas de ocupação

As últimas informações a respeito do desmatamento da Amazônia indicam que está havendo uma diminuição do ritmo da destruição da floresta, embora os números ainda sejam muito preocupantes. Comparativamente ao que ocorreu em 2003-2004, quando se constatou que a área desmatada foi de 26.130 km², em 2006-2007, a destruição foi bem menor, cerca de metade do registrado anteriormente. Até hoje a floresta perdeu quase 20% (mais de 700 mil km²) de sua área original, uma superfície que corresponde a cerca de quinze vezes a área do estado do Rio de Janeiro.

Em anos recentes, a expansão da soja tem impulsionado o processo de desmatamento na medida em que estaria "empurrando" a tradicional atividade pecuária para áreas da franja meridional da Floresta Amazônica. Para comprovar esse processo,

constatou-se que em vários municípios da região central de Mato Grosso o rebanho vem diminuindo, enquanto a produção de soja vem se expandindo. Também tem havido grande crescimento do número de bovinos na porção norte daquele estado. Em cerca de dez anos, a soja expandiu-se celeremente para o norte do estado e a área plantada teve um grande incremento.

Os estados mais afetados pelo desmatamento foram Pará, Mato Grosso, Amazonas, Rondônia e Acre, representando pouco mais de 80% de toda a destruição, fato que confirma que

Área aproximada do "arco do desmatamento"

O desmatamento na Amazônia.

o desmatamento tem sido mais dramático nas porções orientais e meridionais da Amazônia. Essa vasta área, na qual poderia ser incluído também o oeste do Maranhão, forma um cinturão que passou a ser denominado "arco do desmatamento".

Essa concentração espacial da destruição tem como explicação o processo de ocupação pelo qual toda a Amazônia brasileira tem passado nas últimas décadas. Até a década de 1960, o fenômeno do desmatamento era bem pouco expressivo, não só em função da pequena população estabelecida na região, como também pelo tipo de atividades econômicas ali desenvolvidas, especialmente o extrativismo vegetal (borracha, castanha, etc.), que causava danos superficiais ao meio ambiente. Nessa época a única forma efetiva de penetração na região era por meio da navegação fluvial, fato que também contribuía para a preservação da floresta. Até 1978, cerca de apenas 4% da vegetação original da floresta havia sido destruída.

A estratégia do governo em integrar a Amazônia ao contexto econômico do país mudou esse panorama. A transferência da capital federal para Brasília e posteriormente a construção de rodovias de integração, como a Belém-Brasília, estimularam a expansão das atividades primárias ao longo das novas estradas que passaram a cruzar a região. Além disso, a descoberta de novas jazidas minerais, o estímulo à colonização e a grilagem das terras disponíveis impulsionaram ainda mais a ocupação e o desmatamento.

A integração nacional inverteu o eixo da colonização amazônica. Da época colonial até meados do século XX, as correntes principais de povoamento moviam-se no sentido leste-oeste, através dos cursos fluviais, estabelecendo núcleos junto às margens dos rios da bacia amazônica. Nas últimas décadas, os fluxos migratórios passaram a se verificar no sentido sul-norte, através das rodovias que interligam o Centro-Sul à Amazônia. Assim, o processo recente de ocupação e valorização econômica do espaço passou a exercer um impacto inédito sobre o ambiente natural.

A geógrafa Bertha K. Becker, uma das maiores especialistas em Amazônia do país, advoga uma mais intensa presença do governo federal na região, no sentido de dar ênfase a atividades econômicas não predatórias e à recuperação de áreas abandonadas ou alteradas por desmatamentos. Essas áreas poderiam servir tanto para promover iniciativas de reforma agrária, como para impedir a expansão da soja e da pecuária pela floresta.

No que se refere à reforma agrária, ela afirma que o modelo tradicional de assentamento rural não funciona na Amazônia, pois não atende às necessidades ambientais e sociais da população. Uma das saídas seria a implementação de grandes fazendas de colonos em esquema cooperativo para possibilitar uma produção em maior escala.

A geógrafa também defende a ideia de que a floresta só será conservada quando lhe for atribuído um valor capaz de gerar dividendos enquanto ela estiver "em pé". Nesse sentido há vários campos a serem explorados e desenvolvidos, como a nutracêutica (alimentos naturais encontrados na floresta e que geram bem-estar e saúde) e a dermocosmética (matérias-primas para a produção de cosméticos), especialidades cada vez mais exploradas tanto no Brasil como internacionalmente.

Raízes das desigualdades sociais no Brasil

A história da humanidade é marcada pelo fenômeno das desigualdades. Na atualidade, as desigualdades sociais ocorrem tanto nos países ricos quanto nos pobres. Nos primeiros, temos uma espécie de oceano de prosperidade com algumas ilhas de exclusão social. Já nos países pobres, temos vastos oceanos de pobreza pontilhados de pequenas ilhas de prosperidade. Especialmente nas últimas décadas, tanto nas sociedades mais ricas (de forma cada vez mais perceptível) quanto nas mais pobres, tem se ampliado o fosso que separa os "incluídos" dos "excluídos".

A tendência à concentração de renda que leva às desigualdades e à exclusão sociais não é fenômeno recente nem exclusivo do Brasil. Em nosso país, um dos campeões mundiais das desigualdades, a dramática situação de exclusão social da atualidade tem sua origem no processo inicial de estruturação da sociedade brasileira.

Assim, desde o período colonial e durante a época do Brasil imperial, o monopólio da terra por uma elite de latifundiários e a base escravista do trabalho foram os fundamentos que deram origem a uma rígida estratificação de classes sociais. O fim da escravatura, da qual o Brasil foi o último país a se livrar, não aboliu o monopólio da terra, fonte de poder econômico e principal meio de produção até as primeiras décadas do século XX. O abismo social entre o enorme número de trabalhadores e a diminuta elite de grandes proprietários rurais delineou as bases da atual concentração de renda do país.

O Brasil passou por grandes transformações ao longo do século XX. Sua economia tornou--se cada vez menos agrária, a indústria passou gradativamente a ser a atividade econômica mais dinâmica, a população cresceu e rapidamente se urbanizou, a sociedade tornou-se mais complexa, mas a concentração da renda não só persistiu, como se aprofundou, pois a grande maioria da população permaneceu à margem do mercado consumidor de bens duráveis.

Todavia, a crise do modelo de substituição das importações, na década de 1980, e o seu colapso, seguido da aplicação de doutrinas neoliberais na década seguinte, não só levaram à ampliação das desigualdades sociais como também permitiram compreender melhor que, à medida que a sociedade incorpora novas realidades, criam-se novas necessidades (o acesso à educação, ao trabalho, à renda, à moradia, à informação etc.) que vão além da simples subsistência.

Essas transformações mais recentes fizeram por cristalizar dois "tipos" de exclusão social, um "antigo" e outro "recente". O primeiro refere-se à exclusão que afeta segmentos sociais que historicamente sempre estiveram excluídos. O segundo atinge aqueles que, em algum momento da vida, já estiveram socialmente incluídos.

No Brasil as desigualdades analisadas pelo ângulo da concentração de renda indicam que o rendimento dos 10% mais ricos da população é cerca de vinte vezes maior que o rendimento médio dos 40% mais pobres. Mais ainda: o total da renda dos 50% mais pobres é inferior ao total da renda do 1% mais rico. Esses dados comprovam que o crescimento econômico brasileiro desenvolveu-se sob o signo da concentração de renda. As grandes desigualdades sociais também se manifestam nas unidades regionais do país.

Há pouco mais de dez anos, um grupo formado por cientistas sociais publicou um trabalho intitulado *Atlas da exclusão social do Brasil*. Usando como base metodologia similar à adotada pela ONU na confecção do Índice de Desenvolvimento Humano (IDH), chegou-se a um outro índice, denominado Índice de Exclusão Social.

Esse índice foi construído com base na combinação de três componentes: o padrão de vida digno (com indicadores de pobreza, emprego formal e desigualdade), o conhecimento (anos de estudo e alfabetização) e o risco juvenil (concentração de jovens e índice de violência).

Calculado para todos os municípios do país, esse índice foi também cartografado. Um dos mapas, o de manchas extremas de exclusão social, mostrava de imediato que as áreas de extrema exclusão social concentravam-se em municípios localizados nas regiões Norte e Nordeste, "transbordando" para norte de Minas Gerais e nordeste de Goiás. Nessas áreas, de maneira geral, se verificava uma exclusão de tipo "antigo", fato comprovado pelas dificuldades de acesso à educação, à alimentação, ao mercado de trabalho e outros mecanismos de geração de emprego e renda.

Nas regiões Sul e Sudeste, embora fossem poucos os municípios com índices extremos de exclusão social, sabia-se que suas realidades sociais internas, principalmente nos mais populosos, eram de grandes desigualdades.

Esses municípios apresentavam um contingente cada vez maior de pessoas que, apesar de escolarizadas, de já terem trabalhado em empregos formais e fazerem parte de famílias pouco numerosas, viviam uma situação de desemprego e de renda insuficiente.

Programas sociais desenvolvidos pelo governo federal, especialmente aqueles ligados à transferência de renda, como o Bolsa Família, atenuaram consideravelmente as condições socioeconômicas dessas áreas de maior exclusão social, estratégia bem-sucedida entre 2007 e 2013. Todavia, nos anos seguintes, em função da grave crise econômica que se abateu sobre o país, parte significativa dessas conquistas vem sendo revertida.

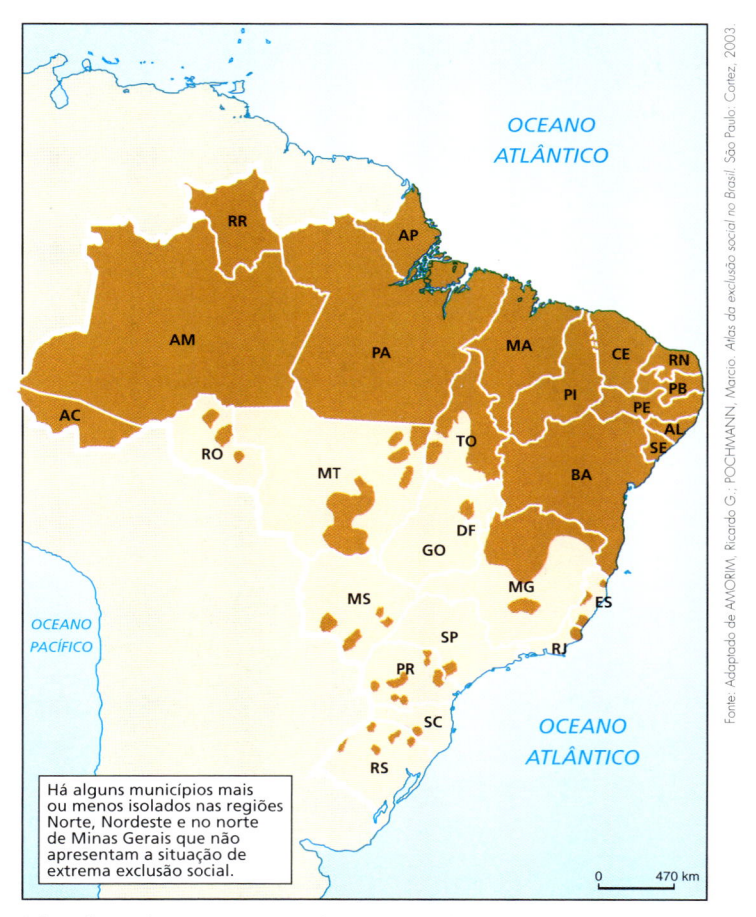

Fonte: Adaptado de AMORIM, Ricardo G.; POCHMANN, Marcio. Atlas da exclusão social no Brasil. São Paulo: Cortez, 2003.

Manchas de extrema exclusão social no Brasil.

Um novo Nordeste está surgindo

Na tradição da Geografia regional do Brasil, o Nordeste possui quatro unidades sub-regionais: Zona da Mata, Agreste, Sertão e Meio-Norte (Transição para a Amazônia). Os nomes indicam que o critério utilizado na operação de regionalização sofreu forte influência da análise das características naturais, em especial as climato-botânicas, e das atividades econômicas históricas. Entretanto, nas últimas décadas, o Nordeste sofre os impactos do processo de globalização e conhece profundas transformações econômicas. Tais mudanças solicitam uma nova divisão sub-regional, capaz de captar o dinamismo recente e o caráter mais complexo e diferenciado de todo o espaço regional.

Diante do anacronismo da divisão tradicional, com base em

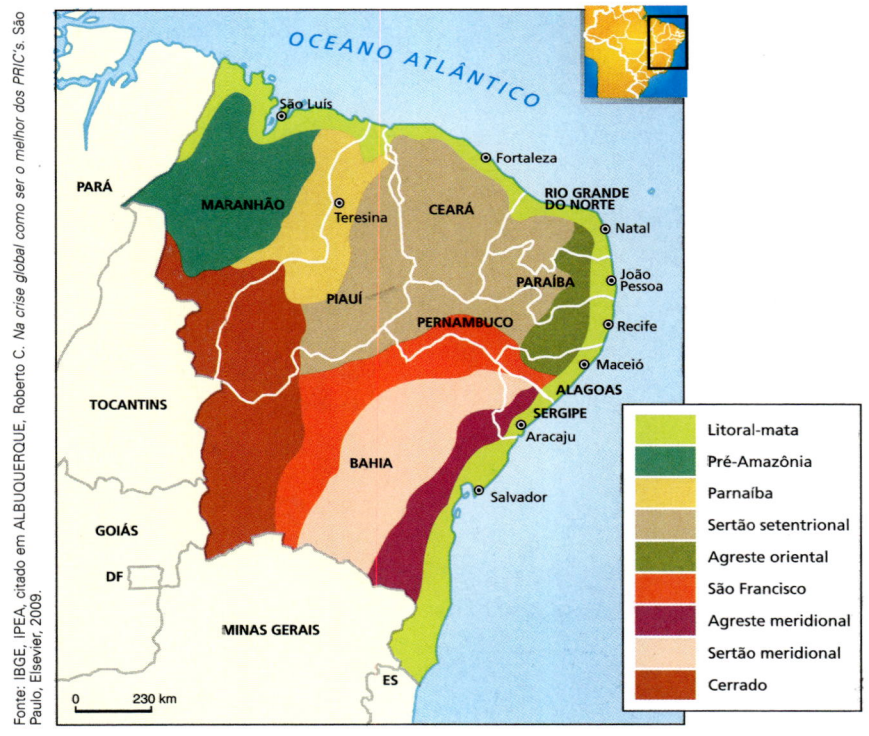

Fonte: IBGE, IPEA, citado em ALBUQUERQUE, Roberto C. *Na crise global como ser o melhor dos PRIC's. São Paulo, Elsevier, 2009.

Regiões geoeconômicas do Nordeste.

dados e estudos do Instituto Brasileiro de Geografia e Estatística (IBGE) e do Instituto de Pesquisa Econômica Aplicada (IPEA), órgãos do governo federal elaboraram uma nova divisão sub-regional. A proposta não deixou de levar em conta os critérios climato-botânicos, expressos pela permanência parcial dos nomes Mata, Agreste e Sertão. Mas ela acrescentou outros, como a sub-região do Cerrado, e articulou também o "fator" hidrográfico, ressaltando o papel dos rios São Francisco e Parnaíba, que funcionam como elementos de identificação de espaços sub-regionais. O resultado são nove regiões geoeconômicas: Litoral-Mata, Pré-Amazônia, Parnaíba, Sertão Setentrional, Sertão Meridional, São Francisco, Agreste Oriental, Agreste Meridional e Cerrado.

A região Litoral-Mata abrange áreas de todos os estados, numa faixa que engloba a "antiga" Zona da Mata mais o litoral setentrional do Nordeste. Ela compreende quase metade da população regional, é a mais importante das sub-regiões e gera quase dois terços do PIB nordestino. Nessa área localizam-se todas as capitais nordestinas, com exceção de Teresina, e também as maiores concentrações urbano-industriais – inclusive Salvador, Recife e Fortaleza, as três maiores regiões

metropolitanas. O turismo é a atividade responsável pela atração de um número cada vez maior de pessoas e figura, ao lado de expressivos investimentos externos, como fonte do dinamismo econômico. A porção baiana do Litoral-Mata, onde estão o Polo Petroquímico de Camaçari e o Distrito Industrial de Aratu, abriga quase 13% da população e gera mais de 20% do PIB regional.

A Pré-Amazônia se estende pela porção oeste do Maranhão e corresponde em grande parte ao "antigo" Meio-Norte. Ela abriga cerca de 6% da população e produz pouco mais de 3% do PIB regional. A baixa densidade econômica da área poderá ser dinamizada pela agricultura diversificada de grãos, fruticultura tropical (caju) e pela recuperação e manutenção de pastagens. Há também possibilidades relacionadas à implantação de indústria florestal moderna e sustentável.

A sub-região Parnaíba abrange áreas do Maranhão e o Piauí. É uma das menores sub-regiões; concentra 4,6% dos nordestinos e seu PIB equivale a pouco mais de 3% do total. O principal núcleo da área é Teresina, principal aglomeração urbano-industrial do interior nordestino.

O Sertão Setentrional é a mais extensa das sub-regiões, estendendo-se por áreas de todos os estados, à exceção do Maranhão, Bahia e Sergipe. É a segunda sub-região mais populosa e gera o segundo maior PIB regional (8,3%). Existe na área uma clara distinção entre os "novos" e os "velhos" sertões. Os primeiros estão representados, por exemplo, pelas cidades cearenses de Sobral e Crato, onde se localizam modernas indústrias de calçados. Os segundos, pela agricultura e pecuária extensiva, atividades tradicionais do semiárido.

O Sertão Meridional compreende apenas áreas da Bahia e Sergipe. A sub-região concentra pouco menos de 6% da população e seu PIB não chega a 3% do total do Nordeste.

A sub-região do São Francisco abrange áreas da Bahia, Pernambuco, Sergipe e Alagoas. Abriga 4% da população e seu PIB equivale a 3,6% do total regional. Economicamente, é uma das sub-regiões com maior crescimento recente. A fruticultura irrigada de alto nível tecnológico tem nas cidades "gêmeas" de Juazeiro (BA) e, principalmente, Petrolina (PE) seus núcleos mais importantes. Pernambuco se tornou o segundo maior produtor de vinho do país.

O Agreste Oriental é a menor das sub-regiões, projetando-se por áreas do Rio Grande do Norte, Paraíba, Pernambuco e Alagoas. É a terceira mais populosa e é responsável por mais de 5% do PIB nordestino. Campina Grande (PB) e Caruaru (PE), as "capitais do Agreste", com suas indústrias têxteis e de calçados e centros avançados de pesquisas, destacam-se como os mais importantes núcleos urbanos.

Já o Agreste Meridional se estende por parte dos estados de Sergipe e Bahia. Na sub-região se encontram quase 8% da população e seu PIB equivale a 5,7% do total regional. Nessa área, destacam-se as cidades baianas de Feira de Santana e Vitória da Conquista.

A sub-região do Cerrado abrange áreas da Bahia, Maranhão e Piauí. É a segunda maior em extensão, a menos populosa e a que possui menor participação no PIB (2,8%). Paradoxalmente, apresenta os maiores ritmos de crescimento nos últimos anos. A expansão da cultura mecanizada de grãos, especialmente soja e milho, acompanhada pela criação de bovinos, decorre da ação de empresários rurais transferidos do Sul e do Sudeste. As cidades de Barreiras e Luiz Eduardo Magalhães, na Bahia, Elizeu Martins, no Piauí, e Balsas, no Maranhão, são os polos dessa área.

Brasil: recursos hídricos e população

O Brasil é considerado o país com o maior "estoque" de recursos hídricos do mundo, já que ostenta sozinho cerca de 13% do total mundial. Essa aparente abundância esconde grandes variações regionais, já que o "ouro azul" não se encontra distribuído de forma equânime pelo território.

Abrigando pouco mais de 15% da população brasileira, as regiões Norte e Centro-Oeste concentram mais de 80% dos recursos hídricos do país. Já o Sudeste e o Nordeste, que reúnem cerca de 70% do contingente demográfico nacional, detêm pouco menos de 10% dos recursos hídricos. O Nordeste, com 3,3% dos recursos hídricos nacionais, é a região menos provida do país. Pode parecer que esse "estoque" hídrico é pouco para o total da população regional, mas, se a água fosse bem distribuída pelo espaço regional, ela poderia sustentar uma população muito maior.

O que acontece é que há áreas em que esses recursos são abundantes (como no Maranhão ou no sul da Bahia) e áreas, como vastas porções do Sertão semiárido (cerca de metade do território regional), em que o bem é natural-

mente escasso por conta da combinação das dinâmicas naturais da região, como a irregularidade das chuvas, os altos índices de evaporação e a natureza dos solos. Mesmo no interior do Sertão semiárido podem ser encontradas "ilhas" de umidade, os brejos, onde os recursos hídricos são relativamente abundantes.

No Sudeste, a mais populosa das regiões e a segunda menos provida de recursos hídricos, estes últimos também não estão equitativamente distribuídos pelo espaço regional. Por exemplo, o norte de Minas Gerais apresenta características similares às encontradas no Sertão semiárido nordestino. Já em certas encostas da Serra do Mar mais próximas à orla, especialmente no litoral norte de São Paulo, estão algumas áreas muito úmidas, onde são registrados alguns dos locais com os mais altos índices pluviométricos do país.

Até as primeiras décadas do século XX, a região tinha como principais atividades econômicas a agropecuária (cana-de-açúcar, café e pecuária extensiva) e a extração de minerais, voltadas para o mercado interno e externo. A partir de então, a região rapidamente se industrializou e urbanizou, chegando, algumas décadas mais tarde, a constituir um expressivo parque industrial e gerando populosas áreas metropolitanas, como as de São Paulo, Rio de Janeiro e Belo Horizonte.

O resultado desse rápido processo de crescimento urbano-industrial fez-se sentir na década de 1970, quando a população, especialmente dos grandes centros urbanos, passou a conviver com índices cada vez maiores de poluição do ar, da água, do solo etc. Atualmente, em algumas áreas da região, a população sofre periodicamente com problemas de racionamento de água, especialmente no período de estiagens sazonais.

Na região Sul os conflitos entre os setores usuários da água – agropecuária, indústrias e comércio/residências – se desencadearam de forma mais aguda nas cinco últimas décadas, quando os efeitos combinados da mecanização agrícola, da urbanização e da industrialização trouxeram impactos na qualidade e na quantidade dos recursos hídricos.

O processo de desmatamento de amplas áreas da região para o plantio de produtos destinados aos mercados interno e externo deixou o solo desprotegido e sujeito à ação do intemperismo, acelerando os processos erosivos. Quantidades significativas de sedimentos foram e continuam sendo carregados para os rios, diminuindo seu volume. Com isso, ficam prejudicados o abastecimento urbano e industrial, a geração de energia elétrica e a

navegação. Além disso, se acentuaram os efeitos das recorrentes inundações nos centros urbanos, como por exemplo no Vale do Itajaí. Ademais, o uso intensivo de produtos químicos na agricultura, como fertilizantes e agrotóxicos, tem poluído o solo, as águas superficiais e os lençóis freáticos.

Na região Centro-Oeste, segunda maior detentora de água do país e a menos populosa, os conflitos de interesse entre os setores usuários dos recursos hídricos têm se agravado rapidamente com a urbanização acelerada e o desmatamento progressivo de grandes áreas destinadas ao uso agropecuário.

Até o início da década de 1960, quando a capital do país mudou para Brasília, praticamente não se registravam conflitos pelo uso da água. Com a implantação pelo governo federal de programas especiais e a extensão da política de colonização da região Amazônica para o Centro-Oeste, essa situação começou a mudar. Grandes extensões de terras foram desmatadas para a formação de pastagens, plantio de culturas alimentares, especialmente soja e algodão, e produção de carvão vegetal.

A destruição da vegetação original da região, tanto das matas ciliares como dos Cerrados, continua a acontecer, atingindo as encostas de morros, margens e nascentes de rios, que deveriam ser áreas de preservação ambiental. A produção de grãos para exportação, que utiliza água em larga escala para irrigação, adubos químicos e agrotóxicos para a correção do solo do cerrado, tem causado sérios danos ambientais ao solo e aos recursos hídricos, tanto superficiais como subterrâneos. A água, até então farta, em alguns locais começa a apresentar sinais de escassez e comprometimento de qualidade.

Embora os conflitos entre usuários dos recursos hídricos, em quase todas as regiões do Brasil, estejam relacionados com a escassez quantitativa e qualitativa desse recurso, na região Norte, que detém cerca de 70% dos recursos hídricos do país e abriga pouco menos de 10% da população, esses conflitos estão relacionados especialmente com a poluição das águas. Esse é um problema que atinge sobremaneira, mas não exclusivamente, as comunidades ribeirinhas que ainda utilizam diretamente as águas dos rios.

A poluição das águas no norte do país deve-se especialmente aos garimpos, que removem expressivas quantidades de sedimentos dos leitos dos cursos fluviais. Especialmente a partir da década de 1960, quando se inicia o efetivo processo de ocupação da região, vastas áreas passaram a ser desmatadas para exploração da madeira, plantio de pastagens e produção agrícola. Além do mais, expressivas porções do território regional foram inundadas para a construção de hidrelétricas. Essa caótica forma de apropriação dos recursos ambientais regionais vem causando danos significativos ao ecossistema aquático da Amazônia.

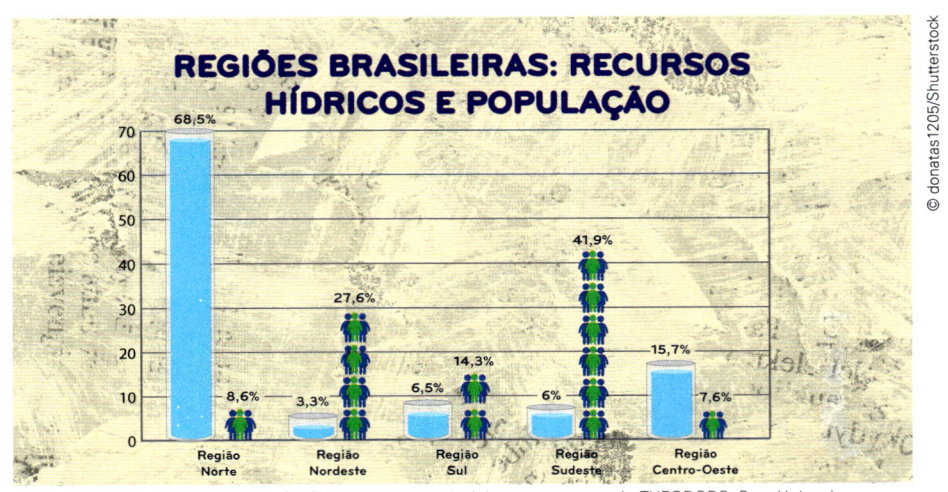

REGIÕES BRASILEIRAS: RECURSOS HÍDRICOS E POPULAÇÃO

© donatas1205/Shutterstock

Fonte: IBGE (dados populacionais) – Conflitos e uso sustentável dos recursos naturais. THEODORO, Suzy H. (org.). Rio de Janeiro: Garamond, 2002. p. 59 (recursos hídricos). Dados atualizados de acordo com estimativa do IBGE para 2016.

Sul do Brasil: evolução demográfica

De 1872, data do primeiro recenseamento realizado no Brasil, até o censo de 2000, a população da Região Sul sempre cresceu, tornando-se cerca de trinta e cinco vezes maior. Em 1872, o número de pessoas que habitavam o sul do país era de pouco mais de 720 mil indivíduos. Atualmente, esse efetivo ultrapassa os 25 milhões. Em termos relativos, o Sul é a terceira área mais populosa do país na atualidade, correspondendo a cerca de pouco menos de 15% da população total, sendo superada pelo contingente do Sudeste (42,6%) e do Nordeste (28%).

Três razões explicam o expressivo aumento da população do Sul no período compreendido entre o primeiro e o último censo realizado: o crescimento vegetativo, a imigração e as migrações internas, que, contudo, tiveram importância diferenciada ao longo do tempo.

Assim, por exemplo, o crescimento vegetativo no final do século XIX e início do século XX era baixo, em razão de uma taxa de natalidade alta e de uma mortalidade também alta. Já nas décadas de 1940 a 1960, o crescimento vegetativo aumentou de forma significativa, fato explicado fundamentalmente pela diminuição expressiva das taxas de mortalidade e pela pequena queda das taxas de natalidade. Dos anos 1970 em diante houve uma diminuição do ritmo do crescimento vegetativo, em decorrência de a taxa de mortalidade ter praticamente se estabilizado em níveis bem baixos e de a taxa de natalidade ter apresentado progressiva e sensível diminuição.

No entanto, a imigração só teve maior importância no período compreendido entre a segunda metade do século XIX e as duas primeiras décadas do século XX. Os estados do Rio Grande do Sul e de Santa Catarina foram os que mais se beneficiaram nesse aspecto.

No que se refere às migrações internas, elas têm se constituído num fator importantíssimo para se compreender a maioria das variações demográficas mais significativas verificadas ao longo do século XX. Dentre essas variações, aquela que talvez possa ser considerada a mais importante aconteceu quando da ruptura dos padrões de crescimento da população a partir dos dados revelados pelo censo de 1970.

No final do século XIX e início do século XX, o aumento da

população absoluta da Região Sul deveu-se fundamentalmente à combinação entre o crescimento vegetativo que era baixo e a chegada expressiva de imigrantes.

Nessa época, as migrações internas, embora existissem, não eram tão significativas. Da década de 1940 à de 1960, o aumento da população foi explicado por um crescimento vegetativo alto e uma participação expressiva de pessoas que vinham de outras regiões brasileiras em direção ao Sul, especialmente aquelas cujo destino era o estado do Paraná. Como foi salientado anteriormente, o peso da imigração nesse período e nas décadas posteriores foi irrelevante.

A partir da década de 1970, apesar de a população absoluta continuar crescendo, o ritmo desse crescimento foi bem menor. Isso foi consequência da combinação de dois fatores demográficos: a diminuição do ritmo do crescimento vegetativo e a mudança de rumo das migrações internas.

Muitos habitantes do Sul foram impelidos a deixar a região em busca de melhores oportunidades em outras áreas do país. Entre as razões de saída podem ser destacados o fim de terras disponíveis para ocupação na região, a reconcentração da estrutura fundiária, a introdução de novas técnicas e culturas economizadoras e mão de obra e a existência de terras passíveis de ocupação e compra nas regiões Centro-Oeste e Norte.

Desde então o Sul, que ao longo de sua história sempre tinha sido uma área de atração, transformou-se numa área de repulsão populacional. Na década de 1980 essa "sangria" populacional perdeu um pouco o seu ímpeto, mas a região continuou sendo, como já vinha acontecendo na década anterior, aquela de menor ritmo de crescimento populacional. Essa situação apenas se modificou um pouco na última década do século XX, quando sua taxa de incremento populacional (1,42%) foi pouco superior à registrada na Região Nordeste (1,3%).

De qualquer forma deve-se registrar que a participação da população da Região Sul no conjunto da população brasileira vem diminuindo desde a década de 1960. Se em 1970, quando a população do Sul atingiu sua maior participação, o censo revelou que 17,7% dos brasileiros viviam na região, os recenseamentos posteriores mostraram sucessivos declínios dessa participação. Em 2000, apenas 14,8% dos brasileiros viviam no sul do Brasil.

Não se esperam grandes modificações nas estruturas demográficas da região Sul ao longo das primeiras décadas do século XXI, porque o crescimento vegetativo deve continuar seu processo de redução; não há indícios de que migrações internas significativas estejam se dirigindo para a região e, aparentemente, não existem perspectivas de que haja aumento significativo de migrações extrarregionais que tenham o Sul como origem.

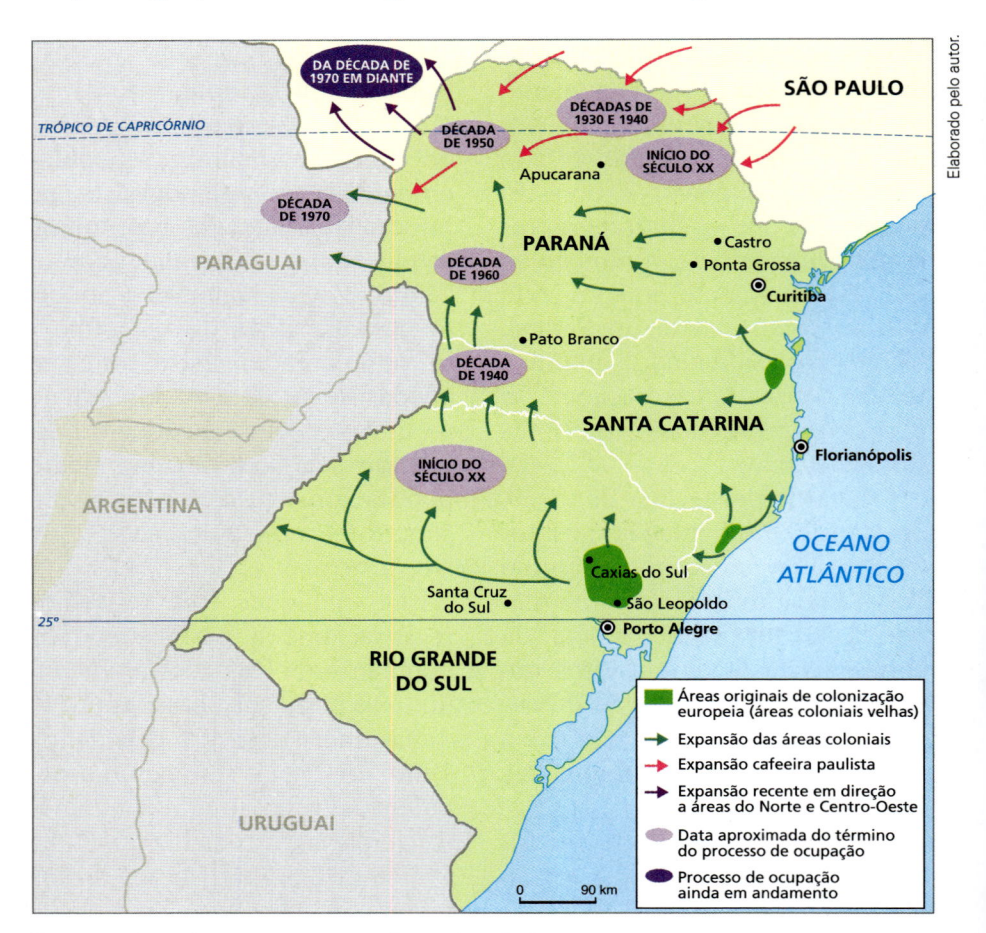

Frentes pioneiras e ocupação da região Sul.

O aquecimento global e os biomas brasileiros

Em abril de 2014 foi divulgado um relatório elaborado pelo Painel Internacional de Mudanças Climáticas (IPCC, na sigla em inglês), cujo teor dá ênfase aos impactos e vulnerabilidades provocados pelo clima nas diversas regiões do mundo. Tomando como objeto de análise a América Latina, o relatório mostra como o aquecimento global afeta as diferentes regiões dessa parte do mundo. O IPCC usou para suas conclusões uma divisão geográfica própria, identificando sete subáreas: América Central e Costa Noroeste, Amazônia, Andes Tropicais, Andes Centrais, Patagônia, Nordeste do Brasil e Sudeste Sul-Americano.

Entre as principais mudanças observadas, o relatório concluiu que se espera um aumento das temperaturas em todas as sete áreas. No que se refere às precipitações, foram identificadas três situações: redução das chuvas em algumas delas, como no Nordeste do Brasil, aumento em outras (Sudeste Sul-Americano) e alterações sazonais como as previstas para a Amazônia. Além disso, o IPCC alerta que a cobertura vegetal original deverá diminuir de forma significativa em praticamente todas as regiões, ao mesmo tempo que haverá expressivo incremento das terras cultiváveis.

Fonte: *Folha de S.Paulo*, 2 abr. 2014, p. C9.

América Latina: divisão proposta pelo IPCC.

Mas, para se ter uma visão mais aprofundada dos impactos do aquecimento global num país de dimensões continentais como o Brasil, é necessário que sejam identificados os biomas que o compõem e que apresentam mais detalhes em relação aos relatados para a América Latina. É sobre esses seis biomas – Amazônia, Cerrado, Caatinga, Pantanal, Mata Atlântica e Pampa – que cerca de 350 cientistas do Painel Brasileiro de Mudanças Climáticas (PBMC) têm se debruçado para avaliar os impactos ambientais, sociais e econômicos do aquecimento global no país.

Vários estudos internacionais e nacionais apontaram para o fato de que nos últimos 50 anos as temperaturas médias no país tiveram um incremento de 0,7 °C e que o Brasil vem aumentando suas emissões de gases do efeito estufa, situação que, segundo as previsões, deverá crescer nos próximos anos. Vale destacar que a destruição das florestas, especialmente a Amazônica, foi num passado recente o principal fator do aumento das emissões de gases do efeito estufa. Atualmente quase 20% do bioma já foi destruído e cerca de metade da área remanescente está sob algum tipo de pressão antrópica.

A ocorrência de eventos climáticos extremos, como secas recorrentes e prolongadas no bioma Nordeste, chuvas de intensidade inusitada e de resultados catastróficos para populações em áreas de risco na região Sudeste e, neste ano, a cheia devastadora no rio Madeira (em Rondônia) e a maior estiagem em mais de 80 anos na Grande São Paulo, são, para muitos especialistas, indícios de que essas ocorrências têm a ver com as mudanças climáticas globais.

Segundo o PBMC, a mudança de maior impacto prevista com o aumento

Fonte: IBGE.

Os biomas brasileiros.

Legenda:
- Bioma Amazônia
- Bioma Caatinga
- Bioma Cerrado
- Bioma Pantanal
- Bioma Pampa
- Bioma Mata Atlântica

das temperaturas estará ligada à alteração nos padrões de chuvas. Nas regiões Sul e Sudeste, que sofrem com enchentes e deslizamentos, especialmente no verão, as chuvas tenderão a ser mais fortes e frequentes. Já no bioma Caatinga, a tendência é oposta. A região mais castigada pela seca enfrentará expressiva redução da quantidade de chuvas, e as secas, que já são comuns, ficarão mais frequentes.

As previsões feitas até agora tendo como referência os diferentes biomas e utilizando como horizonte o ano de 2040 têm apontado que as temperaturas deverão apresentar aumento em todos eles, tanto no verão quanto no inverno. O maior aumento previsto aconteceria no bioma Amazônia (1,5 °C), durante o inverno, e o menor incremento da temperatura (0,5 °C) ocorreria durante os verões da Caatinga, Mata Atlântica e Pampa.

No que se refere ao regime das precipitações, elas se reduziriam entre 5% (durante o verão do Pantanal) e 20% (durante os invernos do Cerrado e da Caatinga). Já nos biomas Pampa e Mata Atlântica, levando em conta apenas suas porções sul e sudeste deste último, haveria um aumento das chuvas entre 5% (inverno) e 10% (verão). Previsões de longo prazo como essa carregam um grau de incerteza que aumenta à medida que as projeções ampliam o tempo em estudo e quando a análise tem como foco áreas de menor extensão.

Deve-se levar em conta que as principais simulações de referência são de caráter global, com pequena definição de detalhes. Ademais, mesmo para as simulações globais ainda existem as imperfeições dos modelos teóricos utilizados e das pesquisas. Todavia, um fator que não pode ser ignorado é qual deverá ser a reação da sociedade ao desafio em controlar o aquecimento global, uma reação que não se sabe se vai ocorrer na extensão e profundidade desejadas.

Também persistem dúvidas quanto à maneira de como vão se manifestar localmente as mudanças nas chuvas. Os modelos teóricos que fazem as projeções utilizam diferentes variáveis em seus cálculos, tentando cobrir uma ampla gama de tendências possíveis, mas há um consenso de que devem ocorrer mudanças importantes com consequências negativas em larga escala se o aquecimento superar 2 °C. Imagine-se o efeito disso sobre o bioma do Cerrado, onde se produz a parcela mais importante do agronegócio do Brasil.

Várias consequências já estão sendo sentidas e gerando significativo prejuízo. Por conseguinte, não é difícil prever que um regime de chuvas ainda mais conturbado, com excesso de água em algumas regiões e escassez em outras, trará importante impacto não somente para o meio ambiente em si, mas também sobre o abastecimento da população, a produção de alimentos e a energia, o que desencadeará uma série de outros efeitos indiretos sobre a segurança e a saúde públicas, sobre a cultura e outros setores, comprometendo as perspectivas de crescimento futuro.

Fonte: *Jornal Mundo – Geografia e Política Internacional*, ano 22, nº 6, p. 5.

Uma radiografia das fontes energéticas renováveis no Brasil

O século XX foi a era do petróleo e, de forma mais abrangente, dos hidrocarbonetos, fontes energéticas não renováveis. Em 1973, ano do primeiro "choque do petróleo", essa matéria-prima respondia por 46% da matriz energética mundial e, juntamente com o carvão e o gás natural, perfazia 87% do consumo energético global.

A busca de alternativas ao petróleo entrou no radar dos governos desde a súbita elevação dos preços do "ouro negro", em 1973. Nos anos que se seguiram, vultosos investimentos foram feitos no desenvolvimento de todas as fontes de suprimentos energéticos que pudessem substituir o combustível dos fornecedores da Organização dos Países Exportadores de Petróleo (OPEP). O esforço incluiu prospecções petrolíferas *off shore*, ou seja, nas plataformas marítimas, construção de usinas nucleares, desenvolvimento da utilização de gás natural e construção de represas hidrelétricas. Em escala bem menor, foram dedicados recursos a fontes energéticas renováveis, especialmente a solar, a eólica e a biomassa.

A retração dos preços do petróleo na década de 1980 reduziu brutalmente os investimentos em fontes renováveis. Mas o interesse nelas voltou a ganhar corpo a partir da última década do século XX, em decorrência da conjugação de dois fatores: a preocupação com o impacto da queima de petróleo e do carvão mineral sobre o meio ambiente e o novo ciclo de alta dos preços do petróleo, com impactos sobre a segurança energética dos países importadores.

Na nova conjuntura, a busca por formas limpas e renováveis de energia passou a mobilizar um grande espectro de atores políticos, sociais e econômicos ao redor do mundo. Como consequência, ampliam-se os investimentos em biocombustíveis e em fontes como a eólica e a solar. Mesmo assim, essas três fontes respondem, atualmente, por apenas pouco mais de 2% do total da energia primária consumida no planeta, que ainda é comandada pelos hidrocarbonetos não renováveis.

Entre as dez maiores economias do mundo atual, a matriz energética do Brasil destaca-se como aquela que possui maior equilíbrio entre fontes renováveis

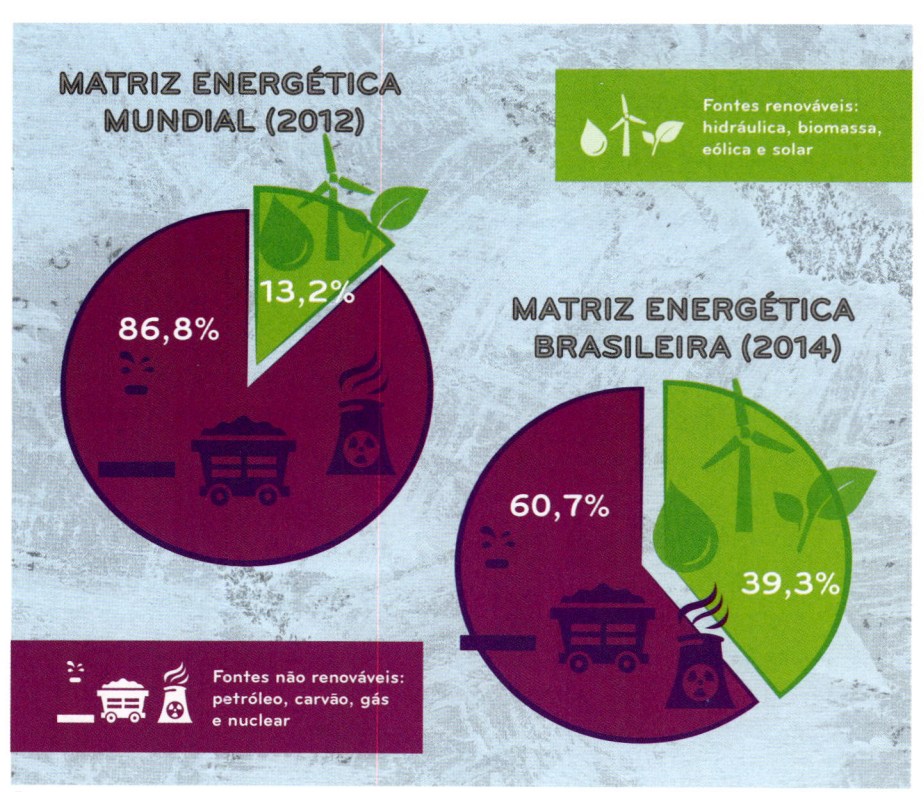

Fonte: Mundial: Agência Internacional de Energia | Brasileira: Ministério de Minas e Energia.

e não renováveis. Isso se deve a uma combinação de circunstâncias naturais favoráveis (climáticas, hídricas e geomorfológicas) com estratégias políticas estatais de pesquisa e exploração dos recursos renováveis.

As principais fontes renováveis do Brasil são, na atualidade, a hidráulica, a biomassa, a eólica e a solar. Em conjunto, elas representavam, em 2014, cerca de 40% da matriz energética do país e quase 80% da matriz elétrica, isto é, do conjunto de fontes primárias voltadas para a produção e o consumo de energia elétrica.

A fonte hidráulica, representada pelas grandes usinas hidrelétricas e pequenas centrais hidrelétricas (PCHs), é a fonte primária dominante da energia elétrica consumida no país. As maiores hidrelétricas, como Itaipu e Tucuruí, foram construídas nas décadas de 1970 e 1980. As crises econômicas nos anos 1990 e as pressões ambientalistas limitaram a expansão delas naquela década. Só recentemente deflagrou-se a implantação de novas grandes usinas, como Jirau e Santo Antônio (Rio Madeira) e Belo Monte (Rio Xingu).

Nas últimas décadas, certas espécies vegetais passaram a ser processadas industrialmente para a obtenção de energia. Os chamados biocombustíveis são divididos em dois grandes tipos: o etanol e o biodiesel. O primeiro, que o Brasil foi o pioneiro a produzir, corresponde ao álcool combustível, usado para abastecer veículos variados, misturado à gasolina (álcool anidro) ou substituindo a gasolina (álcool hidratado). No Brasil o etanol é obtido essencialmente pela destilação da cana-de-açúcar e representa a quase totalidade dos biocombustíveis líquidos. Embora a cana possa ser produzida em amplas áreas do país, as usinas se concentram principalmente em São Paulo, Minas Gerais, Goiás e Mato Grosso do Sul.

A energia eólica é a grande vedete das energias renováveis na última década, apesar de ser responsável por pouco mais de 2% da matriz elétrica. Não obstante, os analistas estimam que, em 2020, sua participação deverá quintuplicar, transformando-a na segunda maior fonte de geração elétrica. Atualmente, o Brasil é o décimo país em capacidade eólica instalada.

O crescimento exponencial dessa fonte nos últimos anos explica-se por uma convergência de aspectos favoráveis. O primeiro é o enorme potencial eólico do Brasil, apenas parcialmente catalogado. Alguns especialistas afirmam que o país é detentor dos melhores ventos do mundo, constantes, unidirecionais e sem grandes rajadas. Além disso, tem sido vertiginosa a inovação tecnológica do setor e o barateamento dos componentes de geração. Hoje o preço de geração de energia das eólicas só é maior que o das hidrelétricas.

A criação, pelo governo federal, do Programa de Incentivo às Fontes Alternativas de Energia Elétrica (Proinfa), voltado para as regiões Nordeste e Sudeste, permitiu ampliar a participação de fontes alternativas, como também a racionalização da oferta energética por meio de complementaridade entre os regimes eólico, de biomassa e hidráulico. Por fim, em 2012, mudanças nas regras dos leilões de energia tornaram o modelo mais competitivo.

As regiões brasileiras com maior número de parques eólicos e maior capacidade instalada são a Nordeste e a Sul. Juntas, respondem por mais de 80% da geração energética e dos investimentos previstos nos próximos anos. Entre os estados, destacam-se Rio Grande do Norte, Ceará, Bahia e Rio Grande do Sul, que concentram grande parte da capacidade instalada no país. Em agosto de 2015, quando o Nordeste atravessava uma das mais longas estiagens de sua história, a fonte eólica chegou a participar com 31% da geração energética regional.

Quanto à fonte solar, ela ainda é inexpressiva, mas nos últi-

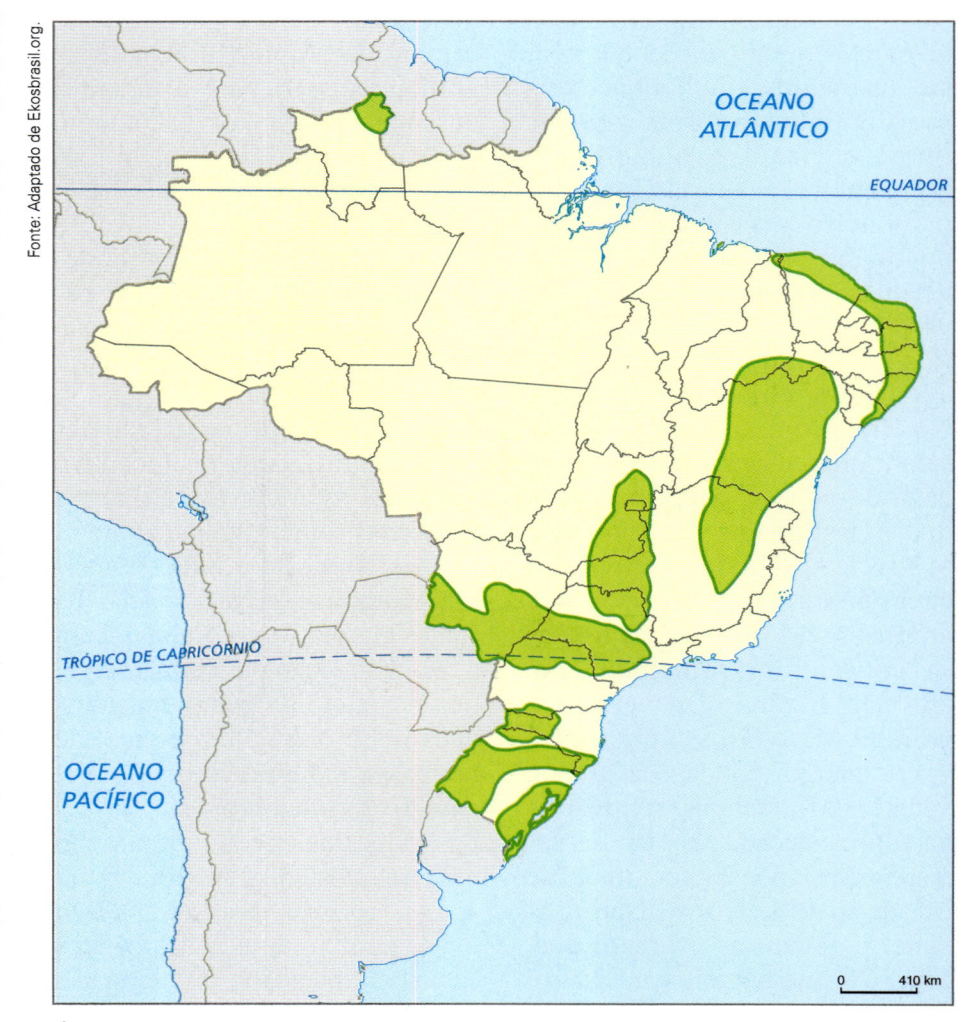

Fonte: Adaptado de Ekosbrasil.org.

Área potencial para geração de energia eólica.

mos três anos parece trilhar um caminho similar ao das eólicas. Por sua condição de país dominantemente tropical, amplas áreas do território recebem elevados índices de insolação ao longo de todo o ano. Em 2014, o Brasil conseguiu realizar o leilão mais bem-sucedido de energia solar do mundo.

Por enquanto, o século XXI continua sendo do petróleo. Mas o seu reinado absoluto pode estar caminhando para o fim.

Fonte: Adaptado de Ekosbrasil.org.

Área potencial para geração de energia solar.

A exploração do pré-sal e a crise da Petrobras

Dez anos após o anúncio da descoberta de petróleo na camada do pré-sal, os resultados nunca estiveram tão distantes daquilo que foi apregoado pelo então presidente Lula e por sua ministra de Minas e Energia, Dilma Rousseff. Naquela ocasião, Lula afirmava que a exploração do pré-sal seria "a segunda independência do Brasil", "uma dádiva de Deus" e um "bilhete premiado". Dilma, por sua vez, dizia que a exploração do pré-sal seria uma fonte de "felicidade material e espiritual", abriria "as portas para o futuro" e geraria recursos para "mais casas, mais comida e mais saúde".

Fonte: Jornal Mundo – Geografia e Política Internacional, ano 24, nº 2, p. 10.

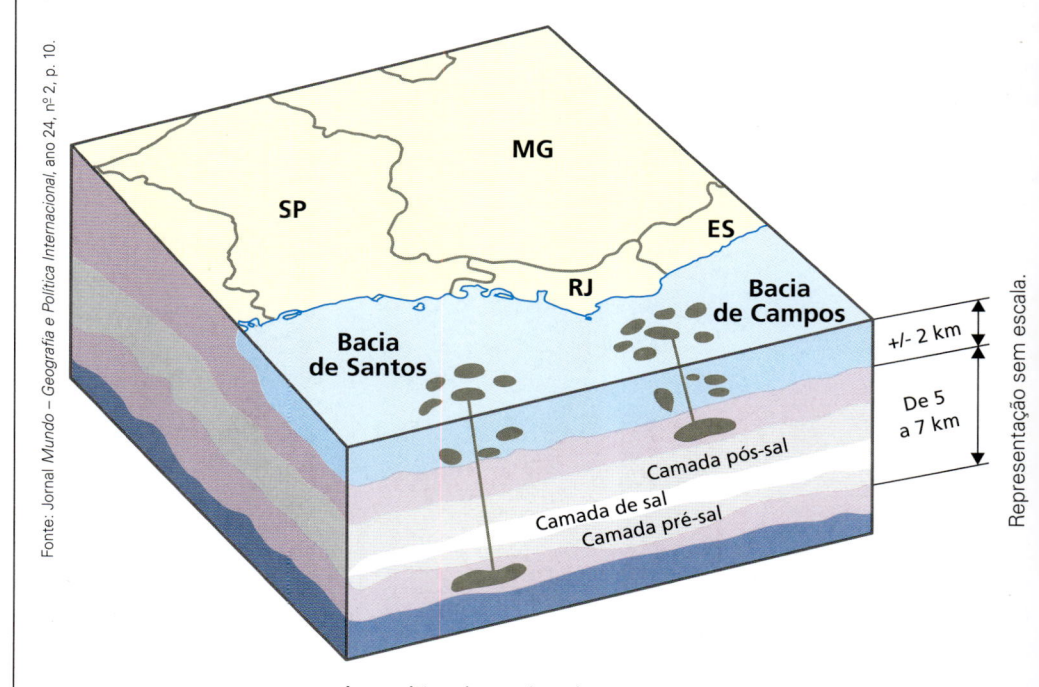

A região do pré-sal.

No momento do eufórico anúncio da descoberta, o governo explorou politicamente o fato, mas não levou na devida conta que o assunto era tremendamente complexo, pois esbarrava em várias questões que se entrelaçavam: a dinâmica específica do mercado internacional do petróleo; o papel da Petrobras; o grau e o formato da participação estatal em todo o processo; a distribuição dos ganhos (*royalties*) entre a União e as demais entidades federativas (estados, municípios e o Distrito Federal); e a destinação dos recursos monetários originados nessa atividade. Isso sem falar da questão ambiental em função dos efeitos deletérios da queima de combustíveis nas mudanças climáticas globais.

A estratégia do governo foi focar integralmente o desafio de desenvolver a nova fronteira petrolífera de custo elevado, num cenário internacional marcado pelos preços altos do petróleo. Quando houve o anúncio da descoberta do pré-sal, o preço do barril avançava rumo à marca de US$ 100. Passados dez anos, despencou para a faixa dos US$ 40 – e, no horizonte de médio prazo, não se vislumbra um aumento que chegue próximo à cotação de 2006.

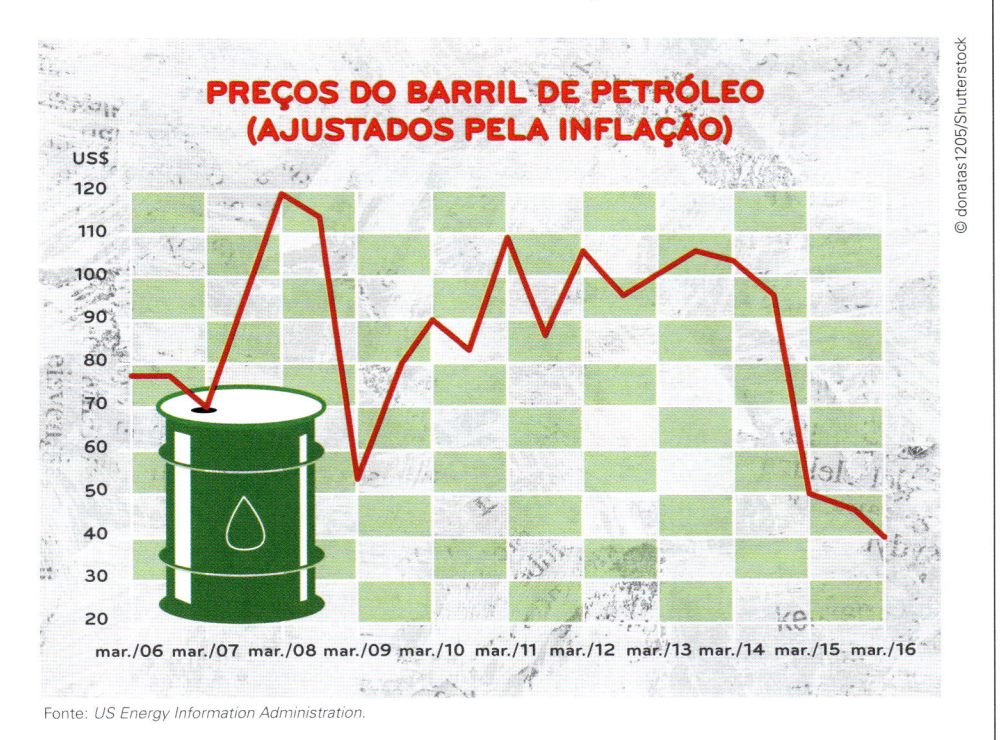

Fonte: *US Energy Information Administration.*

No patamar atual de preços, a extração de petróleo do pré-sal fica muito comprometida, quase inviável, com todas as consequências advindas desse fato. Há mais. Se entre 2006 e 2010 registrou-se ligeiro crescimento da produção nacional de petróleo, depois disso o volume extraído nos campos do pré-sal tem apenas compensado o declínio dos poços maduros da Bacia de Campos.

Outro aspecto crucial que contribuiu para que não se atingisse o sucesso esperado do pré-sal foi o estabelecimento das regras sobre o papel da Petrobras no processo. Em agosto de 2009, o governo promulgou um novo marco regulatório para a exploração do petróleo na província geológica do pré-sal. No lugar do regime de concessão, que vinha sendo adotado desde 1997, fixou-se o regime de partilha.

Segundo as regras do regime de concessão, a participação da iniciativa privada continua em vigor nas áreas do pós-sal, isto é, acima da camada salina. Já nos blocos do pré-sal, as empresas que obtêm direitos sobre eles, através de leilões, devem associar-se à Petrobras, que arca obrigatoriamente com um mínimo de 30% dos investimentos na exploração e extração, tornando esse regime quase monopólio da estatal.

O governo alegou que o regime de partilha protege o patrimônio nacional. Contudo, tornando-se operadora de todos os campos do pré-sal, com participação obrigatória de 30% em todos os projetos, a Petrobras teve que buscar capitais no mercado internacional, endividando-se pesadamente. O comprometimento financeiro da estatal petrolífera ampliou-se também devido à adoção da polêmica estratégia de conteúdo nacional, isto é, da preferência por fornecedores brasileiros na extensa cadeia industrial ligada à exploração de petróleo e gás. A proteção de mercado encarece os produtos e serviços adquiridos pela Petrobras, reduzindo sua eficiência e afastando potenciais investidores.

A curva do endividamento da Petrobras acentuou-se com o congelamento dos preços da gasolina e do diesel comercializados no Brasil durante o segundo mandato de Dilma Rousseff. A medida, adotada como recurso para conter a inflação, desconectou as receitas e as despesas da estatal petrolífera, ajudando a produzir uma dívida de R$ 522 bilhões, a maior entre todas as companhias de petróleo do mundo. O balanço da empresa de 2015, quando foi divulgado, mostrava um prejuízo de quase R$ 35 bilhões, cerca de 60%

maior que o de 2014, refletindo parcialmente o desastre.

Para reduzir a dívida, a Petrobras anuncia sucessivos cortes nos investimentos, cujas consequências são a desestruturação de toda a cadeia de fornecedores, com implicações sobre emprego e renda das regiões afetadas, e uma drástica revisão das metas de produção para os próximos anos. Ao mesmo tempo, a estatal decidiu vender parte de seus ativos, numa conjuntura de depreciação de seus valores provocada pela queda dos preços internacionais do petróleo e pela própria fragilidade da empresa.

Abaixo da camada de sal, há petróleo em abundância. Mas o recurso natural, em si mesmo, não é riqueza. A história dos últimos dez anos confirma uma regra inflexível, conhecida há muito: riqueza é, sempre, um fruto da atividade econômica.

Brasil: as frentes pioneiras

A história da ocupação e valorização do espaço brasileiro nos últimos cem anos pode ser contada, ao menos parcialmente, através da evolução de suas frentes pioneiras, isto é, dos espaços naturais fracamente ocupados que ganharam dimensão econômica por meio da prática de atividades agropecuárias.

As zonas pioneiras do final do século XIX [veja os números 1, 2, 3 e 4 no Mapa] corresponderam à expansão da monocultura cafeeira em áreas de florestas tropicais, compreendendo os estados do Rio de Janeiro e de São Paulo e o sul de Minas Gerais. Tal expansão se deu em virtude da elevação dos preços do café no mercado internacional.

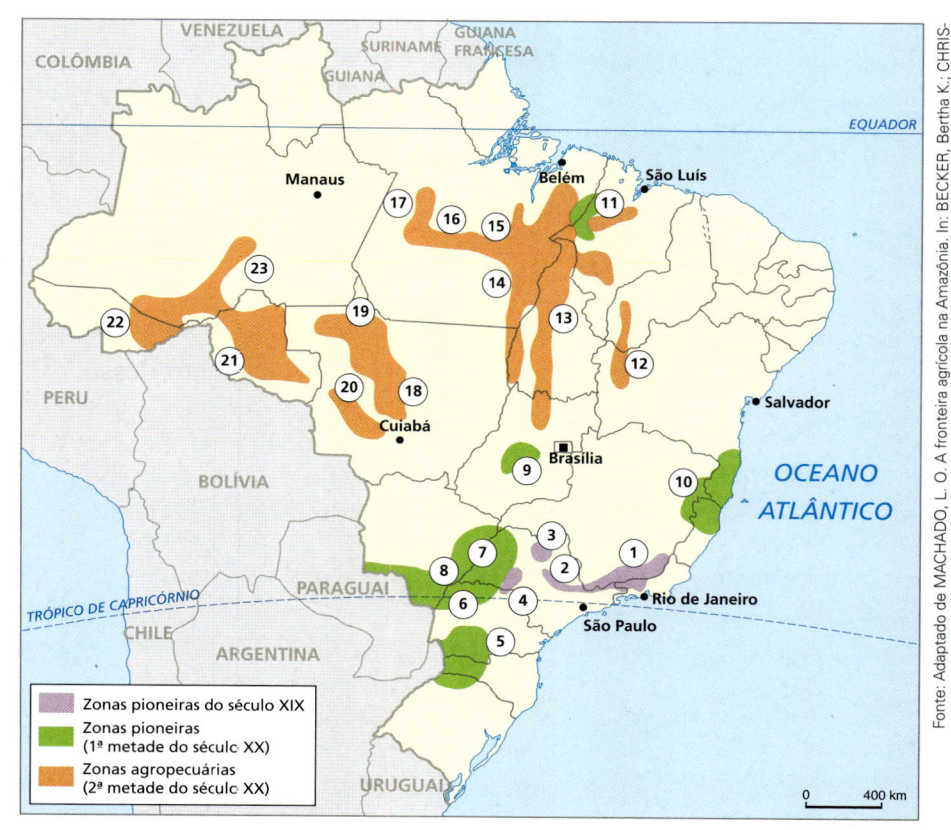

Fonte: Adaptado de MACHADO, L. O. A fronteira agrícola na Amazônia. In: BECKER, Bertha K.; CHRISTOFOLETTI, Antonio. *Geografia e meio ambiente no Brasil.* São Paulo: Hucitec, 1995. p. 197.

Brasil: as fronteiras agrícolas.

Nas frentes precursoras de expansão da primeira metade do século XX, o café e alguns outros produtos foram responsáveis pela ocupação de áreas de florestas tropicais e subtropicais Em algumas áreas dominava o café, consorciado com alimentos básicos [números 6, 7 e 10 do Mapa]. Em outras, dominava a policultura de alimentos, desenvolvida em pequenas e médias propriedades [números 5, 8 e 9]. No oeste do Maranhão e extremo oeste do atual estado do Tocantins, o cultivo do arroz foi o responsável por frentes pioneiras, atividade praticada em pequenas e médias propriedades [número 11].

Em todas elas, após alguns anos, introduziu-se a pecuária e pastagens vieram substituir uma parte dos antigos campos de cultivo. A entrada do gado podia decorrer da queda dos preços do café nos mercados internacionais, da demanda da carne no mercado interno ou do rendimento decrescente das plantações.

Até 1950, a expansão das frentes decorreu da colonização espontânea ou foi direcionada por companhias privadas de colonização, sendo mínima a intervenção governamental. Na atualidade, os estados que abrigaram as zonas pioneiras do século XIX, em conjunto com o Rio Grande do Sul e Minas Gerais, são responsáveis por importante parcela da produção agrícola do país. No entanto, restam ainda grandes extensões de terras rurais improdutivas em meio às áreas economicamente aproveitadas.

Diferentemente do que havia ocorrido até então, as frentes pioneiras das últimas décadas do século XX expandiram-se em áreas de florestas [números 14, 15, 16, 17, 21, 22 e 23], cerrados e campos [números 12, 13, 18, 19 e 20]. Genericamente, os avanços dessas frentes estiveram vinculados ao traçado de novos eixos de circulação, especialmente em direção à Amazônia. Os fluxos populacionais que se dirigiram a essas áreas eram constituídos por deslocamentos espontâneos e por iniciativa de colonização oficial ou privada.

O aproveitamento dessas novas áreas ligou-se, principalmente, ao plantio de um só produto (arroz, soja ou trigo), à policultura ou mesmo à pecuária, com plantio de pastagens. As técnicas utilizadas se mostraram muito diversificadas, podendo ser excepcionalmente modernas, como nas áreas de Cerrado, ou muito rudimentares, como em áreas da Floresta Amazônica.

No final do século XX, uma nova fronteira agrícola foi sendo desbravada em áreas de Cerrado.

Sua consolidação verifica-se ao longo dos últimos anos, envolvendo o sul do Maranhão, a parte meridional do Piauí, leste e sul de Tocantins e oeste da Bahia.

O Ministério da Agricultura denominou a faixa de Mapitoba (ou Matopiba), expressão que junta as duas primeiras letras do nome de cada um desses quatro estados.

A região de Mapitoba.

Brasil: metamorfoses do comércio exterior

Adinâmica do comércio exterior brasileiro nos últimos 16 anos apresentou importantes mudanças, com grande impacto sobre o volume e os valores das importações e exportações, superávits e déficits da balança comercial, diversificação das parcerias comerciais e, finalmente, sobre a intensidade tecnológica dos produtos constantes do "cardápio" dos intercâmbios externos.

Ao longo da primeira década do século XXI, o país consolidou-se como um dos principais atores nas exportações de diversos segmentos (soja, minério de ferro, açúcar, café e carnes), ampliou o leque de produtos exportados e diversificou seus parceiros comerciais. Os valores das exportações mais que triplicaram. O Brasil também se tornou um ator importante nas negociações realizadas no âmbito da Organização Mundial do Comércio (OMC). Tais resultados foram consequência de uma combinação de fatores, com destaque para o crescimento extraordinário do consumo mundial, puxado pelos países emergentes, especialmente a China, que ampliou a participação das matérias-primas agrícolas e minerais (*commodities*) na pauta global de exportações.

Como decorrência, o comércio exterior ganhou maior destaque na economia brasileira, passando a ser uma importante fonte de divisas para o país. Se, na década de 1990, a participação das exportações no conjunto do PIB variava entre 6% e 9%, na primeira década do novo século essa participação ficou entre 10% e 15%. Mesmo assim, o comércio mundial cresceu em ritmo igual ou maior do que os intercâmbios brasileiros. Por isso, a participação do Brasil no total do comércio mundial continuou pequena, nunca ultrapassando o patamar de 1,5%.

A balança comercial reflete uma mudança significativa. Depois de passar praticamente toda a década de 1990 experimentando saldos comerciais negativos, a partir de 2001 o Brasil realizou sucessivos superávits. De 2001 a 2006, o crescimento dos superávits foi constante. Todavia, o ritmo começou a arrefecer a partir de 2007, recuperando-se um pouco em 2009 e voltando a cair em 2010. Nesse último ano, o saldo da balança comercial foi o menor desde 2003 – e menos da metade do registrado em 2006. Em 2010,

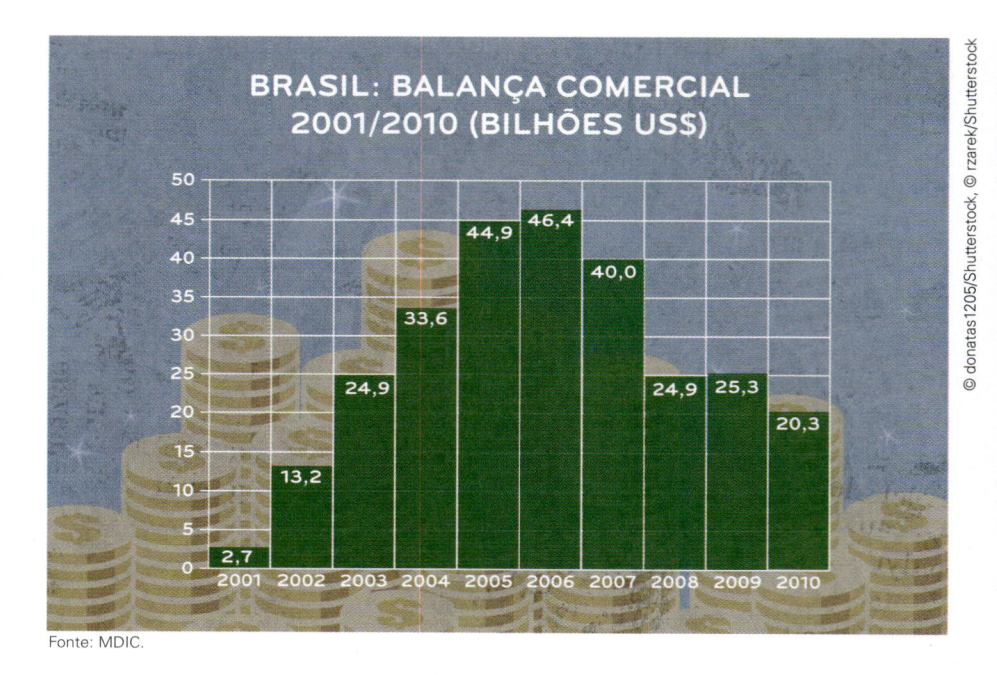

BRASIL: BALANÇA COMERCIAL 2001/2010 (BILHÕES US$)

Ano	Valor
2001	2,7
2002	13,2
2003	24,9
2004	33,6
2005	44,9
2006	46,4
2007	40,0
2008	24,9
2009	25,3
2010	20,3

Fonte: MDIC.

o valor absoluto das importações foi dos mais elevados da história, mas o mesmo ocorreu com as exportações, cifra que superou o recorde obtido em 2008.

Nesse período, o Brasil também diversificou seus parceiros comerciais, principalmente junto ao mundo em desenvolvimento, com destaque para a Ásia e o Oriente Médio, e reduziu sua dependência dos parceiros tradicionais (Estados Unidos e União Europeia). No início da década, os Estados Unidos eram os maiores compradores dos produtos brasileiros (22% do total) e também nossos maiores fornecedores (24%). Com o tempo, essa participação foi diminuindo e, em 2009, pela primeira vez, os Estados Unidos foram desbancados pela China.

Em 2010, as exportações brasileiras para a China foram bem maiores que as exportações para os Estados Unidos. Por outro lado, com as importações, ocorreu praticamente um "empate técnico" entre esses dois parceiros. Todavia, há uma diferença importante: enquanto obtinha superávits com a China – que começaram a se mostrar cada vez menores –, o Brasil registrava saldos negativos constantes no comércio bilateral com os Estados Unidos.

A Argentina, nosso principal sócio no âmbito do Mercosul, foi o terceiro maior parceiro comercial do Brasil. Em termos de blocos econômicos, a União Europeia continua sendo um importante parceiro (com destaque para Holanda e Alemanha), responsável ao longo de toda a década por aproximadamente 22% de nossa corrente de comércio (exportações e importações somadas). A Ásia aumentou sua participação para quase 30% da corrente comercial do Brasil. Os Estados Unidos diminuíram sua participação, representando algo em torno de 13%, e o Mercosul (fundamentalmente, Argentina) respondeu por pouco mais de 10% de nosso comércio exterior. O declínio da importância do Mercosul refletiu tanto as mudanças no panorama do comércio mundial quanto as dificuldades estruturais enfrentadas pelo bloco.

Quanto à pauta de produtos do comércio exterior, registrou-se grande diversificação. Apesar de exportar produtos de tecnologia avançada, como aeronaves, automóveis e veículos de carga, o Brasil sofreu o que analistas denominam de "primarização" das exportações, com participação crescente das matérias-primas minerais e agrícolas, em detrimento dos manufaturados. Em 2010, as *commodities* representavam cerca de dois terços do total de nossas exportações, reforçando a importância do "efeito China" em nosso comércio exterior.

A crise econômica global que eclodiu em 2008 manifestou-se

Fonte: MDIC.

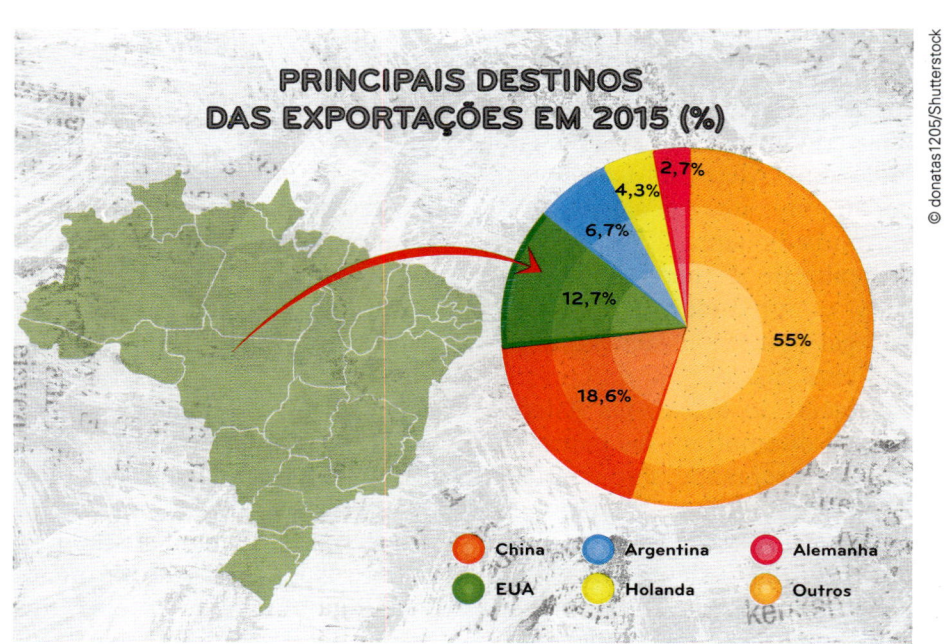

Fonte: MDIC.

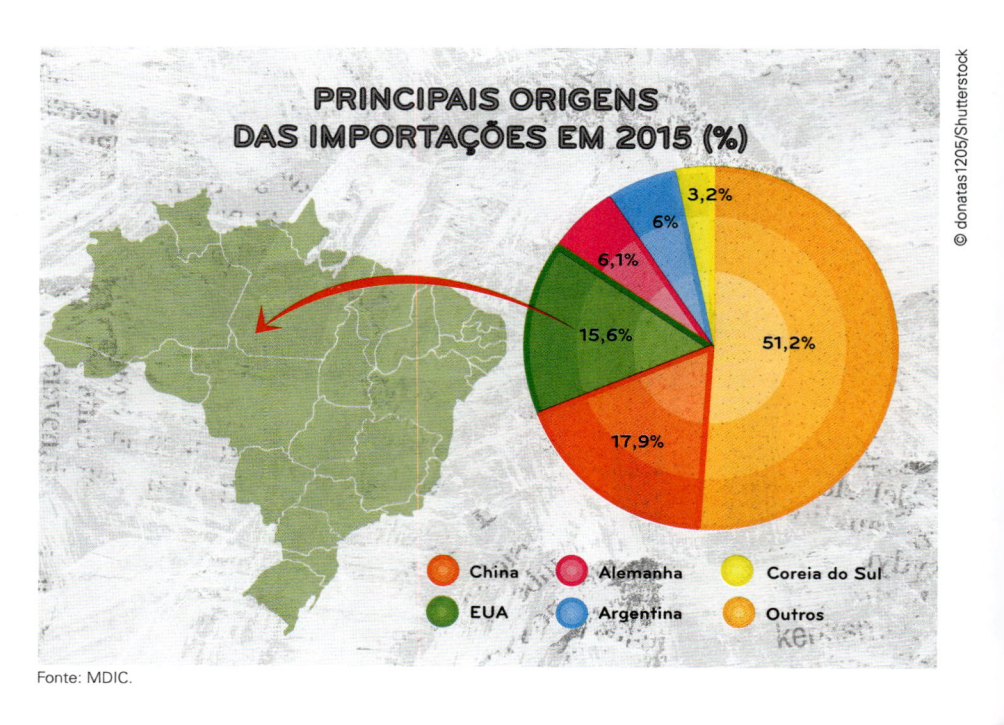

Fonte: MDIC.

com toda força sobre o comércio exterior brasileiro apenas a partir de 2012. Em 2013, o saldo da balança comercial reduziu-se dramaticamente, chegando a ser quase oito vezes menor do que o ano anterior. Pior: em 2014, pela primeira vez no século XXI, o Brasil registrou déficit em seu comércio externo. Em 2015, a balança comercial voltou a ter superávit, mas isso não ocorreu por conta do aumento das exportações (14% menores que em 2014), e sim por uma queda dramática (24%) das importações. Por trás do fenômeno encontra--se, principalmente, a profunda recessão que atinge a economia brasileira.

Para melhorar seu desempenho internacional, o Brasil precisa superar enormes desafios, especialmente no que tange aos investimentos na infraestrutura viária e energética, assim como modificar seu arcaico sistema tributário. No âmbito externo, além das recentes opções erráticas da política externa e do "engessamento" vivido pelo Mercosul, não se deve esquecer que persistem as barreiras comerciais e os subsídios domésticos, especialmente nos mercados desenvolvidos, que continuam criando obstáculos à expansão das vendas e conquista de novos mercados.

O Brasil não tem todo o tempo do mundo para solucionar seus "gargalos" internos. A primeira década do século XXI foi um período de ouro do comércio exterior, mas mostrou que as oportunidades excepcionais não perduram indefinidamente.